AF524110

Lass Wunder geschehen

GABRIELLE ORR

Lass Wunder *geschehen*

Mit der Akasha-Chronik
deine ganze Kraft entfalten

Aus dem amerikanischen Englisch übersetzt
von Wulfing von Rohr

Ansata

Haftungsausschluss
Die in diesem Buch vorgestellten Informationen und Empfehlungen sind nach bestem Wissen und Gewissen geprüft. Dennoch übernehmen der Autor und der Verlag keinerlei Haftung für Schäden irgendwelcher Art, die sich direkt oder indirekt aus dem Gebrauch der hier beschriebenen Anwendungen ergeben. Bitte nehmen Sie im Zweifelsfall bzw. bei ernsthaften Beschwerden immer professionelle Diagnose und Therapie durch ärztliche oder naturheilkundliche Hilfe in Anspruch.

Penguin Random House Verlagsgruppe FSC® N001967

Sechste Auflage

Ansata Verlag, München,
in der Penguin Random House Verlagsgruppe GmbH,
Neumarkter Straße 28, 81673 München

Redaktion: Sabine Zürn
Illustration Spiralenbaum: © Markus Weber
Umschlaggestaltung: no-mind.graphics
unter Verwendung eines Fotos von Fotolia
Satz: Satzwerk Huber, Germering
Druck und Bindung: GGP Media GmbH, Pößneck
ISBN 978-3-7787-7521-9

www.ansata-verlag.de
www.facebook.com/Integral.Lotos.Ansata

Für Eddie,
Danke, dass du mein liebevoller Gefährte auf dieser Reise bist.

Für die Leserin, für den Leser:
Du bist viel mächtiger, als dir bewusst ist.
Nutze deine Macht also weise.
Wende deine Gaben und Talente vollständig an.
Dieses Universum braucht dich. Du bist wichtig.
Deshalb bist du ja hier.

GABRIELLE ORR

Inhaltsverzeichnis

Teil II: Welche Energien wirken?

Teil III: Warum sollten wir uns verändern?

Teil IV: Wie man zum Teil der Lösung wird

Teil V: Praxishilfen

Teil VI: Du bist das Wunder

Vorwort

Wie diese Reise mein Leben verändert hat

»Wenn du auf den Kratzer schaust,
übersiehst du den Diamanten.«

AKASHIC RECORDS, GABRIELLE ORR

Ich fühle mich geehrt, dass du dazu inspiriert bist, dieses Buch zu lesen. Es soll dazu dienen, das Allerbeste in dir hervorzubringen. So wie es auch mir erlaubt hat, mein eigenes Licht zu sehen und es in die richtige Richtung scheinen zu lassen.

Einer meiner größten Schatten ist, dass ich nicht gerne auf der Bühne stehe oder öffentliche Aufmerksamkeit erhalte. Es ist ein Albtraum für mich, vor einer Gruppe zu stehen und etwas zu präsentieren. Viel lieber würde ich mitten im Publikum sitzen, unterhalten werden oder vielleicht sogar etwas Neues lernen.

Das führt mich zu Fragen wie: Warum schreibe ich Bücher und halte Vorträge und Seminare? Warum bin ich damit einverstanden, im Scheinwerferlicht zu stehen?

Ich tue das trotz meiner Ängste, weil ich gern Menschen dabei helfe, sich selbst zu ermächtigen und in ihre eigene

Kraft zu kommen. Ich genieße es mitzuerleben, wenn jemand zu einer neuen Erkenntnis gelangt, ein Erwachen erlebt und seine Herausforderungen und Aufgaben besser versteht.

Ich liebe es, mich mit Menschen wie dir auszutauschen, deine Geschichte zu hören und mit dabei zu sein, wenn du dein Leben zu etwas verwandelst, das dich glücklich macht und worauf du stolz bist.

Ich liebe es, das Licht deiner Seele in dir zu sehen.

Alle, die dieses Buch zur Hand nehmen, sind Teil desselben Energiefeldes. Wir sind zwar durch unseren Körper, unsere Glaubensmuster und Einstellungen voneinander getrennte Individuen, doch in Wirklichkeit sind wir alle Seelen, die sich entschieden haben hierherzukommen, um die Erfahrung des Lebens zu machen.

In dieser Hinsicht sind wir nie durch irgendwelche Begrenzungen voneinander getrennt. In uns ist etwas, das auch in allen anderen Menschen existiert, die die Erfahrung des Lebens mit uns teilen. Dieses »Etwas« verbindet uns und erzeugt ein Energiefeld, das weit über unsere physische Präsenz hinausgeht und sich auch über Raum und Zeit hinaus erstreckt.

Wenn wir uns mit unserem Bewusstsein an dieses Energiefeld anschließen, werden wir uns all der Chancen und Möglichkeiten bewusst, die in unserem Leben gegenwärtig sind. Es ist diese Erfahrung, die ich gern mit dir teilen möchte. Ich möchte euch allen zeigen, wie kraftvoll ihr in Wahrheit seid, damit jeder ein ermächtigtes und wundervolles Leben führen kann.

Ich möchte dir zuerst ein bisschen von meiner eigenen Reise in dieses Energiefeld erzählen. Ich nenne es »die Akasha-Chronik«[1].

Ich war ein Kind mit extrem vielen »Besonderheiten«. Ich wuchs unter sehr ungewöhnlichen Umständen auf. Im Alter von drei Jahren trug ich handgefertigte Schuhe, die nicht an die Füße irgendeines anderen Kindes gepasst hätten. Es war eine Kindheit wie in dem Märchen »Aschenputtel«, das die Geschichte einer wirklichen Transformation erzählt. Der einzige Unterschied war, dass es bei mir keinen Prinzen gab, der kam, um mich zu retten. Es war und ist immer noch ein Teil meiner Lebensaufgabe, den Retter in mir selbst zu finden.

Meine orthopädischen Schuhe kosteten schon vor einem halben Jahrhundert etwa 1.000 D-Mark, lange bevor wir etwas von Designermarken wussten, die unseren Selbstwert dadurch heben sollten, dass wir teure Luxusprodukte tragen …

Ich war mit einer verschobenen Hüfte geboren worden. Das hatte dazu geführt, dass meine beiden Beine nicht gleich schnell wuchsen. Meine erste Hüftoperation hatte ich mit zwei Jahren. Das klingt ja eigentlich nicht so schlimm, zumal ich mich an die Operation nicht wirklich erinnere. Aber ich erinnere mich sehr wohl daran, dass die Ärzte mich danach in ein Gitterbett steckten, damit ich nicht herausklettern konnte. Gegen die Behandlungen im Krankenhaus, gleich welcher Art, habe ich mich heftig gewehrt. Vor allem, weil sie sehr schmerzhaft waren. Ich war bekannt für meine kräftigen Stimmbänder, die ich trainierte, indem ich so laut und so lange schrie, wie ich nur konnte.

Im Alter von 17 Jahren hatte ich fünf weitere Hüftoperationen hinter mir, die mich zeitweise auch an den Rollstuhl fesselten. Das sind keine Erinnerungen, die man einem Kind je wünschen würde. Anders gesagt: Ich weiß, was es bedeutet, mit Schmerzen zu leben.

Infolgedessen wurde ich viel schneller erwachsen als die wenigen Freunde, die ich hatte. Ich hatte nie wirklich zu spielen gelernt und wurde oft als »altklug« bezeichnet – und das war sicher nicht als Kompliment gemeint. Die gute Seite war, dass ich schon früh gelernt habe, wie ich mir selbst helfen konnte, um zu überleben und in dieser Welt zu gedeihen.

Als Teenager suchte ich nach Möglichkeiten, mein Leben zu verändern. Ich hatte eine Menge Fragen über Gott und die Welt, und ich hörte nicht auf zu fragen, bis ich eine zufriedenstellende Antwort erhalten hatte. Mit der Zeit hatte ich gelernt, Segen in meiner Situation zu erkennen, und meine Wunden und Schmerzen in einen Zauberstab zu verwandeln. Ich habe ganz bewusst das wunderbare Leben geschaffen, das ich heute führe.

Mir ist klar, dass meine Geschichte nicht die tragischste der Welt ist und vielleicht noch nicht einmal so traurig wie deine. Ich weiß, dass jeder Mensch seinen eigenen Kampf, sein eigenes Leid und auch seinen eigenen Schmerz zu erdulden hat. Das weiß ich mit Sicherheit, weil ich seit über 22 Jahren mit der Akasha-Chronik[2] arbeite und Geschichten gehört habe, die niemand je hätte erleiden sollen. Diese Welt kann ein harter und ungnädiger Ort sein, wenn wir nicht wissen, wie wir durch sie hindurchnavigieren sollen.

Die meisten Menschen fühlen sich einsam und unverstanden. Viele suchen nach einer Lebensaufgabe, damit ihr Leben einen echten Sinn bekommt. Nur wenige Menschen haben ihre wahre Kraft entdeckt und verstanden, dass sie selbst gefordert sind, ihre eigene Lebendigkeit zu erschaffen.

Doch es reicht nicht aus, dem Gesetz der Anziehung zu folgen. Es enthält zwar einige wichtige Informationen für uns, aber es ist tatsächlich nur der Anfang unserer Selbstermächtigung.

Nach meiner Erfahrung braucht es drei wichtige Schritte, um wahre persönliche Kraft und Stärke zu erreichen:

Schritt 1: Unsere wahre Kraft wird entfesselt, wenn wir die Wurzeln unserer Probleme, Herausforderungen und Muster verstehen. Sehr häufig verschleiert ein Problem, unter dem wir leiden, ein tief liegendes emotionales Thema.

Schritt 2: Wir müssen uns des Ursprungs unserer Probleme, Herausforderungen und Muster bewusst werden. Die Ursachen unserer Themen liegen oft in unterschiedlichen Bereichen, zum Beispiel in früheren Leben, frühen Kindheitserfahrungen, spirituellen Verstrickungen oder energetischen Verbindungen, um nur einige zu nennen.

Schritt 3: Wir brauchen Anleitung und Rat, wie wir von einem Problem in unserem Leben zu dem gelangen, was wir wirklich erleben möchten. Ich nenne es »die To-do-Liste«.

Ich möchte gern die Geschichte einer meiner Klientinnen mit euch teilen, um diesen Prozess verständlicher zu machen. Susie suchte mich zu einer Beratung mit der AC auf. Sie war sehr aufgebracht und erzählte, dass sie sich von ihrem Mann scheiden lassen wollte.

Wir alle waren wohl schon einmal in einer ähnlichen Situation wie Susie. Wir haben es mit einem Problem zu tun, konzentrieren all unsere Energie darauf und hoffen, dass es sich in Luft auflöst. Leider verschwinden Probleme niemals dadurch, dass wir uns auf den Ärger fokussieren, den das Dilemma uns bereitet. Diese Wahrheit gilt für alle Hindernisse, die wir erleben, ob es nun Geldprobleme sind, Schwierigkeiten in unseren Beziehungen, Gesundheitsbeschwerden oder auch Suchtprobleme.

Ich hörte Susie geduldig zu und versicherte ihr, dass wir für sie und ihre Familie die richtige Lösung finden würden. Dann ging ich zu Schritt 1 und fragte in der AC nach dem Wurzelproblem ihrer Situation. Man muss wissen, dass nicht alles, was wir erleben, das eigentliche Problem ist. Sehr oft verdeckt es ein viel tiefer liegendes Thema in unserem Unterbewusstsein. So war es auch bei Susie. Obwohl sie Schwierigkeiten mit ihrem Mann hatte und sich scheiden lassen wollte, zeigte mir die AC, dass ihr wahres Problem etwas mit Geld zu tun hatte.

Auf den ersten Blick gab es keine offensichtliche Verbindung zwischen diesen beiden Themen. Deshalb fuhr ich fort, mit der AC zu arbeiten, die mich zu Schritt 2 führte: zum Ursprung des Themas.

Die AC zeigte mir, dass Susies Eltern früher große Streitereien über ihre Finanzen hatten und dass es ihnen unglaublich schwerfiel, mit ihrem Einkommen die monatlichen Rechnungen zu begleichen. Die kleine Susie konnte das damals natürlich noch nicht verstehen. Sie akzeptierte diese ungesunden Umstände als normal und nahm an, dass es zwischen Eheleuten immer Streit ums Geld gab.

Als Erwachsene trägt Susie diese Kindheitserfahrungen noch immer in ihrem Unterbewusstsein mit sich herum, wo sie geduldig darauf warten, wieder aktiviert zu werden. Sie und ihr Mann hatten nie echte finanzielle Probleme. Dennoch fing Susie jedes Mal Streit mit ihrem Mann an, wenn es um das Bezahlen von Rechnungen ging.

Warum? Weil Susie ihr Leben unter dem Einfluss eines alten Programms lebt, dessen sie sich gar nicht bewusst ist. In Susies Denken ist ihr Ehemann die Ursache für ihren Stress, und deshalb muss sie sich von ihm scheiden lassen. Als Susie die Verbindung zu ihrer Kindheit klar wurde, wurde sie von einer Welle von Liebe für ihren Mann überwältigt und konnte gar nicht schnell genug nach Hause fahren, um diese neuen Informationen mit ihm zu teilen.

Das führte mich zum dritten Schritt, dem wichtigsten, den ich als »To-do-Liste« bezeichne. Susie und ihr Mann haben jetzt ein kleines Ritual, wenn sie ihre Rechnungen bezahlen. Heute hören sie dabei Musik und zünden eine Kerze an. Sie stellen ein Bild von Susies Eltern auf den Tisch, um sie für die Lektion zu ehren, die sie ihre Tochter gelehrt haben. Dann schreibt Susie die Schecks aus, und ihr Mann bringt sie zur Post. Gemeinsam gehen sie ihre Finanzen durch und feiern ihren Wohlstand.

Seither sind acht Jahre vergangen, und sie sind immer noch glücklich verheiratet. Sie ziehen auch viel mehr Geld an, als sie erbeten hatten. Sie haben sich selbst dafür ermächtigt, indem sie den tiefen Schmerz angesehen haben, der auf einer unbewussten Ebene gespeichert war. Weil sie diesen Schmerz heilen konnten, hat sich ihre Energie auf ihre Realität und ihren höheren Sinn ausgerichtet und sie befreit.

Ich liebe solche Geschichten, weil sie unsere Not, unser Leid und unseren Kampf zu einer Chance auf Heilung und mehr Segnungen transformieren. Es ist eine meiner größten Freuden, mit der AC zu arbeiten, mich mit Menschen über ihren Lebenssinn auszutauschen und ihnen zu helfen, Verständnis, Erfüllung und Liebe zu finden. Du kannst mir glauben: Du bist niemals allein und du wirst sehr viel mehr geliebt, als du dir vorstellen kannst.

Ich bin nicht hier, um irgendeine großartige Patentlösung anzubieten – denn nur du kannst die Entscheidung treffen, dich selbst zu erheben. Oft genug steht der Widerstand, den du spürst, in direktem Verhältnis zur Bedeutung deines Rufs. Anders gesagt: Je lauter dein Ego Nein sagt und alle möglichen Gründe aufführt, warum du etwas nicht tun kannst, desto bedeutsamer ist eine Entscheidung für den Sinn deines Lebens. Das ist leider immer so. Mein Ego macht da keine Ausnahme.

Jeder Traum taucht mit einem Schatten auf. Jede Chance wird von Furcht oder Widerstand begleitet. Es gibt auch kein Zauberkraut, das die Dinge für dich erledigt. Du musst die Wahl treffen und deine Handlungen so ausrichten, wie es dein Herz möchte – und sie dann auch wirklich tun.

Ich liebe euch alle,
Gabrielle

Wichtiger Hinweis

»Übernimm 100 Prozent Verantwortung
für dein eigenes Leben.«

Akasha-Chronik, Gabrielle Orr

Gabrielle Orr und ihre Arbeit mit der AC wollen dir dabei helfen, Muster und Blockaden zu überwinden, die dich daran hindern, dein volles Potenzial an Wachstum, Freude, Harmonie und Lebenssinn zu erfahren.

Die göttliche Schwingung, die du in dieser Anleitung erhältst, wird es dir ermöglichen, deinen freien Willen auf Heilung, Veränderung und freie Wahl auszurichten. Du wirst eine tief greifende Wirkung in deinem Leben und auf der Seelenebene erfahren.

Dennoch – egal, welche Information, welchen Rat oder welche Anleitung du übernimmst – bist du selbst die höchste Autorität in deinem Leben und voll verantwortlich für jede deiner Handlungen. In keinerlei Hinsicht wird Akashic Records Inc./Gabrielle Orr irgendeine Haftung übernehmen oder anerkennen für Nachteile oder Schäden, die aus den folgenden Informationen und Übungen entstehen mögen, egal ob es direkte, indirekte, spezielle oder nachträglich entstandene Schäden sind, die in irgendeiner Weise tatsächlich oder auch nur vermeintlich mit diesen Informationen und Übungen im Zusammenhang stehen.

Einleitung

Lass Wunder geschehen

»Manchmal sieht das Herz,
was dem Auge unsichtbar bleibt.«

H. JACKSON BROWN, JR.

Dieses Buch ist wie ein Werkzeugkasten, denn es gibt dir Instrumente für deine persönliche, emotionale und spirituelle Entwicklung an die Hand, mit denen du deinen eigenen Himmel auf Erden erschaffen kannst. Diese Instrumente ermöglichen dir, deine Anteile, die noch in der Vergangenheit stecken, in die Gegenwart zu bringen, in der du die Kraft hast, aus ihnen eine positive und liebevolle Energie für deine Zukunft zu schaffen.

Das Buch zeigt dir, wie du deinen eigenen »Werkzeugkasten« gestalten und anwenden kannst. Dadurch erreicht deine Schwingungsenergie eine Ebene, auf der du die Person, die du vor diesem Buch warst, nicht mehr wiedererkennen wirst. Es wird so sein, wie wenn du Bilder von deiner Schulabschlussfeier ansiehst und dich über deine Frisur wunderst oder über das rosa Kleid mit Schleifen. Du wirst dich zwar an dein früheres Ich erinnern, aber dir ist auch klar, dass du niemals in diese Zeit zurückkehren würdest. Dir wird bewusst, wie glücklich du mit deinem neuen Leben bist, das du dir selbst erschaffen hast.

Das Fundament meiner eigenen spirituellen Praxis ist die intensive Arbeit mit der AC. Ich liebe es, mit dieser Energiequelle zu arbeiten. Sie bietet mir all die Liebe, Weisheit und Führung, die ich mir jemals erhoffen konnte. Du kannst aber auch dann etwas mit diesem Buch anfangen, wenn du noch nicht weißt, wie man Zugang zur AC erlangt. (Mein erstes Buch »Akasha Chronik – One True Love. Der praktische Leitfaden, um das Buch deines Lebens zu lesen« ist ebenfalls im Ansata Verlag erschienen.)

Du bist bereits in einem ständigen Austausch mit Spirit/Gott. Manche der Leserinnen und Leser sind sich dessen noch nicht bewusst, sie haben eine Scheu davor oder fühlen sich vielleicht sogar nicht »gut genug« für diese Verbindung. Das wird sich jetzt aber auf jeden Fall ändern.

Du besitzt bereits die Macht, um ein wundervolles Leben zu kreieren. Du musst nur noch deine Bewusstheit hinzufügen und das, was du in diesem Buch lernst, zu deinem Vorteil nutzen. Alle Veränderungen, die du vollziehst, werden sich in freudige Wunder verwandeln, in liebevolle Beziehungen und ein wohlverdientes Wohlergehen.

Ich werde mein Bestes geben, um die folgenden Anleitungen leicht für den Geist und einfach für den Verstand zu halten. Wir wollen ja schließlich alles Schwere und die Lasten ablegen. Also lasst uns lichtvoll sein, wenn wir den Müll herausnehmen und die Wunder unserer neuen Identität hereinbringen.

Gabrielle Orr
Smokey Mountains, North Carolina, Oktober 2016

TEIL I

Spirit und Wunder

Was ist ein Wunder?

»Die beiden wichtigsten Tage in deinem Leben sind der Tag,
an dem du geboren wurdest, und der Tag,
an dem du herausfindest warum.«

MARK TWAIN

Ein Wunder ist ein überraschendes und erwünschtes Ereignis, das nicht durch natürliche oder wissenschaftliche Gesetze erklärt werden kann und daher als das Werk einer göttlichen Quelle betrachtet wird. Wunder gelten auch als erhabene bzw. erhebende Ereignisse. Ein Wunder ist etwas Außergewöhnliches, das durch den Einfluss einer höheren Macht oder ein übernatürliches Geschehen möglich wird. Es weist darauf hin, dass hier eine göttliche Energie wirkt.

Wenn wir ein solches Phänomen miterleben, dann fühlen wir uns erhoben, weil wir meist neue und wertvolle Einblicke in die Bedeutung gewöhnlicher Ereignisse in unserem Leben gewinnen.

Ich persönlich definiere ein Wunder als Bestätigung der göttlichen Gegenwart oder als Zeugnis dafür, dass eine höhere Macht mit uns interagiert. Das inspiriert mich, die Frage »Was ist ein Wunder?« zu ändern in »Weshalb brauchen wir die Bekräftigung durch das Göttliche, dass wir etwas Besonderes sind und ein wundervolles Leben führen?«

Oft bitten wir um Wunder als Bestätigung des Göttlichen, weil sich nur sehr wenige unter uns wirklich daran erinnern, wer wir sind, woher wir kommen und was der Zweck unseres Lebens ist. Wir führen unser Leben getrennt von unserer Quelle, von Gott.

Wir können intellektuell verstehen, dass wir ewige Wesen sind mit einer Seele, die ihren Sinn erfüllen möchte. Leider fehlt jedoch allzu oft die Verbindung zwischen unserer geistigen Einsicht und der Fähigkeit unseres Herzens, diese Ewigkeit zu spüren. So verlieren wir uns in unserem Alltagsleben, in unseren Mustern, Gewohnheiten und Problemen und vergessen, dass bereits unsere Existenz ein Wunder ist.

Sobald wir die Verbindung zwischen unserem Geist und unserem Herzen knüpfen können, werden wir Wunder und Freude in allen Momenten unseres Lebens finden.

Wir müssen neue Fähigkeiten erwerben, um die Dinge in unserem Leben, die nicht mehr funktionieren, in etwas Sinnvolles und Inspirierendes zu verwandeln.

Das bedeutet, dass unser tägliches Ziel nicht einfach nur darin besteht, unsere Arbeiten und Besorgungen zu erledigen, sondern den tieferen Sinn in allem zu schätzen, was wir tun. Indem wir unsere Erfahrungen zum Wohl unserer Seele ausrichten, erschließen wir unser vollstes Potenzial und werden selbst zum Wunder.

»Wir sind die wahre Definition von Wunder!«
Die meisten von uns wissen das nur noch nicht.

Warum wirken Behandlungen unterschiedlich bei derselben Krankheit?

»Die Wunde ist der Ort,
an dem das Licht in dich eintritt.«
Rumi

Was für das Thema Krankheiten gilt, passt auch auf alle anderen Bereiche deines Lebens. Sollte es nicht so sein, dass bei Patienten mit derselben Krankheit durch eine identische Therapie dieselben Heilungserfolge eintreten?

Warum gibt es so viele unterschiedliche Ergebnisse?

Wie kommt es, dass ein Mensch wieder völlig gesund wird, während das Leben eines anderen zu Ende geht?

Warum gibt es keine garantierten Erfolge bei der Behandlung von körperlichen Beschwerden?

Das liegt daran, dass die Krankheit nicht die Ursache des Problems ist, sondern lediglich eine Manifestation des Wurzelproblems. Wenn jemand zum Beispiel Probleme mit seinen Lungen hat, kann das die Folge einer co-abhängigen oder erstickenden Beziehung sein. Daher darf sich die Heilung nicht nur auf den Zustand der Lunge konzentrieren, sondern muss auch die dysfunktionale Beziehung einbinden. Die Lungenprobleme einer anderen Person gehen vielleicht auf giftige Substanzen zurück. Hier geht es darum, die Giftstoffe aus dem Körper zu entfernen.

Wenn nur die Manifestation eines Zustands, aber nicht das zugrunde liegende Wurzelproblem behandelt wird, wird sich der Zustand vielleicht verbessern, aber das Ursprungsproblem besteht fort und wird einen anderen Weg finden, um an die Oberfläche zu gelangen und Aufmerksamkeit einzufordern.

Jede Krankheit enthält eine Botschaft für dich. Irgendetwas in deinem Leben ist nicht im Einklang mit deinem wahren Wesen und will an die Oberfläche drängen. Man könnte auch sagen, es wird dich so lange ärgern, bis du seine Botschaft verstehst. Probleme verabschieden sich erst, wenn ihre Botschaft verstanden und entsprechend gehandelt wurde.

Indem du dich auf den Ursprung eines Leidens konzentrierst und nicht nur auf die Symptome, schenkst du der »Seelenbotschaft« Aufmerksamkeit. Sobald du den Ursprung entdeckt und auf der Bewusstseinsebene eine Veränderung herbeigeführt hast, kann die wahre Heilung stattfinden.

Dr. Yeshi Dhonden, von 1960 bis 1980 der persönliche Arzt seiner Heiligkeit des Dalai Lama, erklärt in seinem

Buch »Health Through Balance«[3] die Einteilung von Krankheiten nach ihren Ursachen. Nach der traditionellen tibetischen Medizin entstehen Krankheiten aufgrund von vier Ursachen:

- Erfahrungen aus früheren Leben; auch Karma genannt
- Erfahrungen unserer Kindheit
- Erfahrungen, die mit äußeren Einflüssen zu tun haben; dabei können spirituelle Verbindungen eine Rolle spielen, die man auch »energetische Schnüre« nennen kann
- Erfahrungen unseres gegenwärtigen Lebens

Zwei Menschen mit derselben Krankheit können auf dieselbe Behandlung unterschiedlich reagieren, weil ihre Beschwerden aus völlig verschiedenen Ursachen manifestiert wurden.

Dieses Wissen hat sich für mich in meiner Beratungsarbeit und Lehrtätigkeit mit der AC als sehr hilfreich erwiesen. Zahlreiche Beispiele belegen, dass Heilung möglich ist, wenn wir uns auf den Ursprung unseres Problems konzentrieren und nicht auf den Zustand an sich.

Die entscheidenden Fragen, die sich jeder Einzelne und jeder Heiler stellen muss, lauten:

- Was ist an der Geschichte dieses Menschen einzigartig?
- Auf welche Weise trägt die Krankheit dazu bei, die Aufgabe der Seele zu erfüllen, und ist deshalb für die Lebensreise sinnvoll?

- Was kann getan werden, um das Wurzelproblem auf stimmige Weise aufzulösen und dadurch Heilung zu kreieren?

Das ist der Grund, warum dem einen Menschen eine Operation hilft, einem anderen dagegen Medikamente oder eine Nahrungsumstellung und wieder anderen alternative Heilmethoden wie Akupunktur oder Homöopathie. Und dann wird es auch Menschen geben, die Heilung durch Gebete oder spirituelle Übungen wie Meditation, Stille-Retreats oder Visionssuchen erfahren.

Haben wir erst einmal die große Vielfalt der möglichen Ursachen erfasst, die es für eine einzige Erkrankung geben kann, dann können wir auch die Tatsache verstehen, dass alle Heilmethoden ihren Zweck erfüllen. Es gibt keine bessere oder schlechtere Behandlung. Es kommt nur darauf an, dass du die für dich gerade richtige Therapie anwendest.

Gott bzw. Spirit sagt niemals Nein zu einer Sache und zieht stattdessen eine andere vor. Weder bei Menschen noch bei Heilmethoden. Die Wege von Gott/Spirit umfassen alles und sind Teil des Ganzen.

Nimm deine Verbindung wieder auf

»Seit dem Augenblick, als ich erkannte, dass Gott im Tempel jedes menschlichen Körpers sitzt, stehe ich in Ehrerbietung vor jedem menschlichen Wesen und sehe Gott in ihm. In diesem Moment bin ich von Fesseln befreit und alles, was verstrickt und bindet, löst sich auf – ich bin frei.«

Swami Vivekananda

Welches Wort beschreibt das, was man nicht beschreiben kann? Sobald wir eine Bezeichnung wählen für »Es«, haben wir »Es« begrenzt in Bezug auf alle anderen Möglichkeiten, welche die Schöpfung annehmen kann. Aus diesem Grund verwende ich verschiedene Begriffe, zum Beispiel Quelle, Gott, Schöpfer, Universum und andere, um »Es« zu umschreiben.

»Quelle« bezeichnet den Ort der Liebe und Energie, an dem alles, was wir erleben, seinen Anfang hat. Gott ist der Ursprung, die Quelle, der Brunnen, der Anfang aller Schöpfung. Mit dieser reinen Energie wollen wir uns verbinden.

Es gibt einen Fluss unendlicher Liebe, die uns und allem, was ist, aus dem Universum entgegenströmt. Dieser Fluss liebt uns und »Es« will, dass wir diese Liebe annehmen und spüren. Die Quelle möchte, dass wir uns geliebt fühlen und geliebt wissen.

Vielleicht klingt das für manche zu einfach, vielleicht sogar kitschig. Je mehr Liebe wir verkörpern, desto mehr

Frieden und Lebensfreude werden wir erfahren. Je weniger Liebe wir haben, desto weniger werden wir diese Aussage begreifen.

Wir können uns entscheiden, ob wir diese Erkenntnis authentisch leben möchten oder ob wir wahre Liebe durch etwas anderes ersetzen wollen, zum Beispiel durch Ersatzmuster, falsche Überzeugungen oder durch Suchtverhalten – was uns aber alles niemals das geben kann, wonach wir wirklich suchen.

Die Wiederherstellung unserer Verbindung zu Gott hängt von jedem Einzelnen ab und wo er oder sie auf der Lebensreise steht. Für jeden von uns sind andere Methoden hilfreich, aber egal, was für dich funktioniert: Nur du weißt, ob du wirklich verbunden bist.

Es gibt verschiedene authentische Verbindungen zur Quelle. Menschen, die meditieren oder beten, sind nicht mehr oder besser mit der Liebe verbunden. Manche Menschen haben zwar einen starken Bezug zu ihrer Religion, waren aber noch nie im Gespräch mit Gott.

Die Methode ist nur ein Werkzeug, um die Verbindung herzustellen, aber das Werkzeug ist nie die Verbindung selbst. Klammere dich deshalb nicht an eine bestimmte Methode. Du meditierst vielleicht und findest so die Verbindung, während andere Gitarre spielen, singen oder joggen.

Es kommt auf die Schwingung an, die in unserem Herzen erzeugt wird. Erlaubt uns unsere Methode, in Stille und Schweigen einzutauchen, und lässt sie unser Herz die höchste Einheit dieses Universums spüren?

Mit unserer Energie erzeugen wir alle Resultate selbst, da wir die Herrscher über unser Leben sind. Daher besitzen wir auch die Kraft, jede Trennung, Niedergeschlagenheit oder Verzweiflung zu überwinden, und uns von Liebe, Freude und Glück erfüllen zu lassen.

Dieses Buch erforscht die wahren Ursachen unserer Getrenntheit und wie man sie überwindet. Und es wird uns helfen, uns wieder mit unserer Quelle zu verbinden.

Was ist das eigentliche Problem?

»Probleme kann man niemals mit derselben Denkweise lösen, durch die sie entstanden sind.«

Albert Einstein

Unser Wohlbefinden wird von unserem Unterbewusstsein kontrolliert. Viele Menschen leben in einem Zustand der Furcht, der Angst oder der Trauer, obwohl es gar keine äußeren Gründe dafür gibt. Unsere Überzeugungen und Erinnerungen sind im Unterbewusstsein gespeichert. Sie sind die Ursachen unserer Sorgen und Ängste, denn durch sie schaffen wir unbewusst unsere emotionale Befindlichkeit. Deshalb ist es schwierig, unser Leben zu verbessern, solange wir nicht die unterbewussten Ursprünge der Probleme auf die Bewusstseinsebene heben und erkennen.

Um eine dauerhafte Veränderung zu erreichen, müssen wir einen Weg finden, damit Unterbewusstsein und

Bewusstsein zusammenarbeiten. Denn unser wahres Problem besteht darin, dass diese beiden Anteile bisher meist nicht im Team arbeiten.

Auf der Bewusstseinsebene bemühen wir uns um Veränderungen in unserem Leben, während das Unterbewusstsein geduldig darauf wartet, die ungerichtete und aufgestaute Energie endlich freizusetzen. Diese Energie ist oft hässlich und schmerzhaft und hat nichts mit dem zu tun, was in unserem Leben vor sich geht.

Wir wollen einen Weg finden, um einen bewussten Moment der Erkenntnis zu erleben, der unserem Unterbewusstsein ein neues Verhalten beibringen kann, leidvolle Energien und Erinnerungen klärt und schließlich ein neues Muster formt.

Fortschrittliche Wissenschaftler wie zum Beispiel Bruce Lipton haben genau diese phänomenale Wahrheit erkannt. Sie verändern unsere Sicht auf das Leben und liefern die Fakten, die es mir erlauben, dir eine wissenschaftliche Erklärung unserer Probleme anzubieten, jedoch mit einer spirituellen Note.

Bruce Lipton, Autor von »The Biology of Belief«[4], vertritt die These, dass wir alle seit der Entstehung unserer Spezies von Geburt an heilen können. Um diese Fähigkeit zu aktivieren, müssten wir als Erstes erkennen, dass wir ein Bewusstsein und ein Unterbewusstsein haben. Wir können nicht leugnen, dass alles, was in unserem Leben geschieht – Erfolge und Misserfolge – damit zusammenhängt.

Die neuen Wissenschaften der Quantenphysik und der Epigenetik (Zell- und Genforschung) revolutionieren das Verständnis von der Verbindung zwischen Geist und Materie. Sie stellen etablierte Wissenschaftstheorien vor neue Herausforderungen und fordern eine völlige Neubewertung des Lebens, wie wir es bisher kennen.

Die bisherige Theorie lautete, dass Gene sich selbst an- und abschalten können. Deshalb glauben die meisten Menschen, dass sie genetische Automaten seien und dass die Gene ihr Leben beherrschten. Liptons Ansatz stellt jedoch eine radikal neue Sichtweise innerhalb der Zellforschung dar. Diese »neue Biologie« macht deutlich, dass wir nicht von den biologischen Informationen beherrscht werden, sondern vielmehr sie »kontrollieren«. Inzwischen gilt die Wechselwirkung zwischen Umwelt und Genen als bewiesen, genauer gesagt, dass unsere Wahrnehmung die Aktivität unserer Gene steuert. Das ist eine Erklärung dafür, warum Menschen Spontanremissionen bei schwerwiegenden Krankheiten erleben oder sich wieder von Verletzungen erholen können, die man für bleibende Behinderungen gehalten hatte.

Diese veränderte Sichtweise der »neuen« Wissenschaft ist von großer Tragweite, da sie im Gegensatz zu früher aufzeigt, dass wir nicht die Opfer, sondern die Meister unseres Organismus' sind.

Der Körper wird nicht mehr als eine Art Apparat angesehen, denn Geist und Spirit werden ebenfalls betrachtet. Dieser Durchbruch in der Wissenschaft ist von fundamentaler Bedeutung für jede Form der Heilung, weil nun anerkannt ist, dass wir ganz andere Botschaften an unsere Zellen senden, wenn wir unsere Wahrnehmung oder unsere Überzeugungen ändern. Auf diese Weise erreichen wir eine Neuprogrammierung der Zellen.

Es gibt keine wissenschaftlichen Beweise dafür, dass die DNA das Leben kontrolliert. Die neue Sicht der Epigenetik besagt, dass alle Zellen die gleiche genetische Blaupause besitzen, die ausgelesen wird.

Dadurch rückte die Frage in den Mittelpunkt: Wer zum Teufel liest denn diese Entwürfe und Pläne aus? Mit der Erkenntnis, dass es unser Bewusstsein ist, das die Blaupause ausliest, wird es zum allmächtigen Generalunternehmer des Körpers. Der Geist sagt den Zellen, was er erwartet, und die Zellen erschaffen in der Blaupause das, was der Geist will.

Die Leute hören von »positivem Denken«, aber wenn sie versuchen, es in die Praxis umzusetzen, funktioniert es nicht, weil ein Schritt dabei fehlt. Man muss beachten, dass es zwei Bereiche des Bewusstseins gibt: das Tagesbewusstsein und das Unterbewusstsein. Sie unterscheiden sich durch zwei wesentliche Faktoren voneinander.

1. Wenn es darum geht, Information zu verarbeiten, ist das Unterbewusstsein eine Million Mal mächtiger als das Tagesbewusstsein.
2. Wissenschaftler haben herausgefunden, dass das Tagesbewusstsein bestenfalls nur 5 % des Tages arbeitet.

95 % oder mehr der Zeit wird unser Leben durch das Unterbewusstsein gesteuert.

Es ist statistisch erwiesen, dass ein Drittel aller medizinischen Heilerfolge, einschließlich Operationen, dem Placebo-Effekt zu verdanken ist, nicht der medizinischen Intervention. Das heißt, dass Patienten, die eine Zuckerpille einnehmen in der Annahme, es sei ein verschreibungspflichtiges Medikament, in einem Drittel der Fälle Heilung erfahren.

Diese wissenschaftlich belegte Tatsache wird an den medizinischen Fakultäten in den USA gelehrt. Wahrnehmung und Glaube können Selbstheilungskräfte auslösen. Wie bereits erwähnt, haben wir alle diese angeborene Heilfähigkeit seit Anbeginn der Menschheit.

Wir müssen unsere Überzeugung verändern, dass wir nur die Opfer von Umständen sind, die außerhalb unserer Kontrolle liegen. Die beiden Bewusstseinskräfte arbeiten als Tandem. Während das Tagesbewusstsein über irgendetwas nachdenkt, erledigt das Unterbewusstsein die gerade anstehenden Aufgaben. Aber hier wird es kritisch: Es wird die Aufgaben so erledigen, wie es dem Programm entspricht, mit dem es zuvor »gefüttert« wurde – und das ist oft negativ und schränkt deshalb unsere Fähigkeiten ein.

Würden wir das Tagesbewusstsein und das Unterbewusstsein in einen Wettbewerb schicken, würde das Unterbewusstsein fast immer gewinnen. Wir werden also am Tag zu 95 % von einem mächtigeren Bewusstseinsteil gesteuert, der wiederum durch einschränkende Umstände programmiert wurde, die uns nun daran hindern, etwas zu verbessern. Wir können das Unterbewusstsein nicht sehen oder wahrnehmen, es sei denn, wir machen es uns bewusst. Sobald du dir dessen bewusst wirst, kannst du für alles ein besseres Ergebnis kreieren. Denn darum geht es bei »Bewusst-Sein«.

Wenn wir für jeden Menschen die richtige Lösung finden und uns dabei sowohl um seine physischen als auch metaphysischen Bedürfnisse kümmern, dann können wir eine heilsame energetische Veränderung in jedem beliebigen Lebensbereich schaffen.

Später werden wir unterschiedliche Wege kennenlernen, wie wir am besten unsere alten Muster beseitigen und sie durch eine gesündere Einstellung zum Leben ersetzen. Wir werden die Macht unseres Tagesbewusstseins nutzen, um Glaubenssätze und Muster zu kreieren, sodass unser Unterbewusstsein mit einem Programm arbeitet, das uns tatsächlich nutzt.

Davor wollen wir jedoch untersuchen, wie unser Gehirn funktioniert, damit wir besser verstehen, wie mächtig wir wirklich sind. Wenn wir erst einmal begreifen, dass unser Gehirn unser Verbündeter ist, können wir seine Kraft verwenden, um unser Leben so zu gestalten wie ein Töpfer, der aus Ton eine Tasse formt.

Wie funktioniert unser Gehirn?

»Sich selbst zu erkennen bedeutet,
sich selbst wahrhaftig zu lieben.«

Gabrielle Orr

Die meisten Menschen warten darauf, dass etwas Gutes in ihrem Leben geschieht, damit sie einen Grund haben, glücklich zu sein. Das Geheimnis echten Glücks ist jedoch, selbst diese Glückseligkeit zu sein, unabhängig von äußeren Umständen.

Es fällt manchen Menschen schwer, dieses Konzept zu verstehen. Wir arbeiten wirklich sehr hart, um alles auf die Reihe zu bekommen und ein Gefühl der Sicherheit, der Bequemlichkeit und des Glücks zu kreieren.

Wenn wir aber erst einmal selbst zum höchsten Grund für unser Glück geworden sind, dann wird das Universum diesen Segen widerspiegeln und uns noch mehr Schönheit schicken.

Die gute Nachricht dabei ist, dass dieses Glück eine Fähigkeit ist, die man erlernen kann. Wir können lernen, zur Quelle unseres eigenen Glücks zu werden, indem wir unserem Gehirn beibringen, eine neue Routine zu üben, die wiederum ein neues Muster hervorbringt.

Unser Gehirn ist flexibler, als wir uns vorstellen können. Es verändert sich laufend, weil es sich selbst »umschreibt«, indem es kognitive Fähigkeiten von der einen Gehirnhälfte auf die andere überträgt. Nach einem Schlaganfall kann sich unser Gehirn zum Beispiel neu organisieren, indem es Funktionen und Fähigkeiten auf die nicht geschädigten Bereiche des Gehirns überträgt. Das beweist seine enorme Leistungsfähigkeit und Anpassungsfähigkeit.

Aufgrund des Lebensstils, den viele von uns pflegen, nutzen wir unser Gehirn nicht angemessen und führen stattdessen ein Leben, das von Gewohnheiten bestimmt wird, die uns nicht erfüllen.

Das Wissen, wie das Gehirn wirklich arbeitet und funktioniert, kann uns nicht nur helfen, besser zu verstehen, warum wir so oft gescheitert sind, sondern uns auch dazu anleiten, unser Leben erfolgreich zum Besseren zu wenden.

Neuroplastizität ist die Fähigkeit des Gehirns, während des gesamten Lebens neue neuronale Verbindungen zu bilden. Der Begriff Neuroplastizität setzt sich zusammen aus den Begriffen »Neuron« und »Plastik«. »Neuron« ist ein Fachbegriff für Nervenzellen. Jede einzelne Nervenzelle ist mit einer anderen durch ein kleines Verbindungsstück verbunden, die man Synapse nennt. Das Wort »Plastik« umfasst Begriffe wie »formbar« und »veränderlich«. Neuroplastizität ist die Bezeichnung für die Eigenschaft von Synapsen oder von Teilen des Gehirns, sich je nach Anforderung oder Verwendung anzupassen und zu verändern.

Es ist wichtig für uns, das zu verstehen, denn es zeigt, wie einfach es tatsächlich sein kann, unerwünschte Muster zu verändern und etwas anderes an ihre Stelle zu setzen.

Die Synapsen übertragen Reize oder »Informationen« durch einen chemischen Botenstoff von Nervenzelle zu Nervenzelle. Die Nervenzellen verarbeiten alle Informationen innerhalb unseres Zentralnervensystems und jene, die hinein- oder herausfließen. Neben den motorischen Informationen für Bewegungen des Körpers und den sensorischen Informationen, durch die wir sehen, hören, schmecken und tasten können, gehören auch alle kognitiven Informationen dazu, durch die wir in der Lage sind, zu diskutieren, zu denken, zu träumen, zu planen, uns zu erinnern und alles andere auf der mentalen Ebene zu tun.

Ich möchte das noch etwas einfacher erklären. Denken wir uns drei Schritte:

Schritt 1: Zwischen zwei Neuronen existiert eine alte Verbindung. Sie steht vielleicht für ein Muster aus Freude, Achtsamkeit und Glück oder sie entstand durch langjährige Ängste und ist das Muster für Depression, Angst oder Stress. Welche Neuronenverbindung sich manifestiert, bestimmt unser Leben.

Schritt 2 ist das Erleben eines Aha-Moments oder der in uns aufsteigende Wunsch nach einer Veränderung. Das bewirkt, dass unser Gehirn eine völlig neue Synapse von einem Neuron zu einem anderen erzeugt. Wenn wir uns darauf ausrichten, wie sich der neue Wunsch anfühlt bzw. wie er aussieht, wird ein neues Muster geboren.

Schritt 3 bezieht sich darauf, dieses neugeborene Muster zu nähren und zu kräftigen. Wenn die neu verknüpften

Neuronen eine »frische« Verbindung in unserem Gehirn aufnehmen, müssen sie erst einmal lernen, wie sie »verdrahtet« sind und wie sie gegenseitig elektrische Impulse abfeuern und empfangen, verarbeiten und weiterleiten. Durch wiederholtes »Verdrahten« und »Feuern« entsteht zwischen ihnen eine dauerhafte Beziehung, die in einer neuen Gewohnheit mündet.

Niemand weiß sicher, wie lange es dauert, bis eine bleibende Synapse in unserem Gehirn erzeugt wird. Bei manchen mag das im Handumdrehen aufgrund des Aha-Moments geschehen. Die meisten neuronalen Verbindungen werden jedoch immer stabiler, wenn sie wiederholt genutzt werden, bis das neue Muster ganz vertraut ist. Die schwierigste Aufgabe in diesem Prozess besteht darin, dass wir uns genügend Zeit für uns selbst nehmen und die gewünschten Veränderungen auch tatsächlich praktizieren. Wenn wir uns jeden Tag zehn Minuten Zeit nehmen, um Vertrauen, Zuversicht, Wohlgefühl und Freude zu spüren, Lachen und Leichtigkeit, unser Geschäft ausbauen und so fort, dann wird sich unser Leben für immer verändern.

Legen wir jetzt mal eine Praxisrunde ein, denn es gibt keinen wichtigeren Augenblick als den gegenwärtigen Moment.

Schritt 1: Denke an eins deiner Muster, das du gern loslassen möchtest.

Schritt 2: Womit möchtest du es ersetzen? Nimm dir Zeit, dir vorzustellen und auszumalen, was an die Stelle des alten Musters treten soll. Wenn es dir schwerfällt, dich darauf zu fokussieren, dann schreib es auf. Deine schriftlichen Notizen werden es dir leichter machen, dich zu konzentrieren, und sie sind beim 3. Schritt nützlich.

Hast du bemerkt, wie schnell und leicht es deinem Geist fiel, dich auf die alte Gewohnheit bei Schritt 1 zu fokussieren? Im Vergleich dazu dauert es viel länger, dich auf eine neue Gewohnheit in Schritt 2 auszurichten.

Schritt 3: Sieh dich selbst, wie du mit dem neuen Muster lebst. Stell dir vor, wie die Neuronen in deinem Gehirn eine neue Synapse erzeugen und die neue Information weiterleiten. Beobachte Körper, Geist und Spirit, wie sie auf den neuen Informationsaustausch in deinem Gehirn reagieren.

Wiederhole die Schritte 2 und 3 einige Tage lang, bis du feststellst, dass sich eine neue Gewohnheit entwickelt hat. Sei geduldig und vertraue dem Prozess.

Die Darstellung, wie unser Gehirn funktioniert, überwältigt spirituell ausgerichtete Leser vielleicht. Es ist meine Hoffnung, dass du die Kraft erkennst, die in diesem Wissen für jeden von uns liegt. Sobald wir begriffen haben, dass man unserem Gehirn mehr beibringen kann als nur Geschichte oder Zahlen, sondern dass wir es als Werkzeug nutzen können, dann werden wir auch verstehen, wie wir neue Muster und Verhaltensweisen in unserem Leben kreieren. Wir sind nicht die Opfer unserer Lebensumstände und können uns jederzeit wie Phönix aus der Asche erheben.

Du bist keine Ausnahme. Wenn es für mich funktioniert, klappt das auch für dich.

Der Placebo-Effekt

»Placebo ist nur ein anderer Name für Gott!

GABRIELLE ORR

Wir alle haben schon einmal vom Placebo-Effekt gehört. Vermutlich haben manche Leser und Leserinnen ihn auch schon selbst erlebt. Wenn wir verstehen, wie der Placebo-Effekt wirkt, hilft uns das, unsere eigene Kraft zu entfalten und ganz bewusst unser Wohlbefinden zu erzeugen.

Ein Placebo ist alles das, was wie eine »echte« medizinische Behandlung aussieht, es aber nicht ist. Es könnte eine Zuckerpille sein, eine Injektion nur mit Salzwasser oder irgendeine andere vorgetäuschte Therapie mit unechten Medikamenten. Allen Placebos ist gemeinsam, dass sie keine aktiven Wirkstoffe enthalten, die einer Krankheit entgegenwirken oder Gesundheit und Wohlergehen fördern können.

Anne Harrington ist die Autorin des Buches »The Placebo Effect«[5] und Wissenschaftshistorikerin an der Harvard Universität. Sie betrachtet Placebo auf eine ganz eigene Weise. Sie sagt, dass »das Placebo für sich genommen eine ›echte‹ Sache ist, etwas, das uns viel darüber aufzeigen kann, wie Symbole, äußere Umstände und menschliche Beziehungen uns buchstäblich unter die Haut gehen können.«

Noch vor etwa fünfzig Jahren mussten sich Ärzte sehr viel mehr auf die Kraft ihrer Persönlichkeit und ihre Ausstrahlung als »Götter in Weiß« verlassen, um ihre Patienten zu heilen, statt auf Dinge, die sie aus ihren schwarzen Taschen ziehen konnten.

Hinter verschlossenen Türen geben fast zwei Drittel aller Ärzte zu, ihren Patienten auch schon einmal ein Placebo anstatt eines echten Medikaments verabreicht zu haben. Viele von ihnen berichten, dass ein Placebo-»Medikament« offenbar die wirksamste Medizin darstellt, die ihnen zur Verfügung steht.

Studien von Dr. Andrew Leuchter von der University of California in Los Angeles zeigen, dass die Einnahme eines Placebos nicht nur eine positive Wirkung auf den Geist hat, sondern auch auf bestimmte Areale des Gehirns so wirkt, als ob ein echtes Medikament eingenommen worden wäre.

Das Placebo-Thema weist auf ganz neue Behandlungs- und Heilungsmöglichkeiten des menschlichen Körpers und Geistes hin. Wenn man das Phänomen der Wirksamkeit von Placebos näher erforscht, führt uns das direkt zur wahren Macht unseres Bewusstseins und damit zu den unendlichen Möglichkeiten, Wohlbefinden für uns selbst zu erzeugen.

Unser Geist[6], unser Bewusstsein, ist in der Lage, jede Situation zu »überschreiben«, wenn wir uns im Geiste ein Bild des gewünschten Ergebnisses vorstellen.

Das ist es, was eine Placebo-Pille für unsere Heilung bewirkt. Sie projiziert die Möglichkeit eines ganzen und gesunden Körpers, obwohl die Pille nur Zucker oder Füllstoffe enthält. Die kleine blaue, weiße oder braune Pille in unserer Hand lässt uns glauben, dass die Heilung kurz bevorsteht. Dabei ahnen wir meistens noch nicht einmal, dass in Wahrheit unser bloßer Glaube die wahre Kraft ist, die uns heilt.

Wir sind von keinen äußeren Kräften abhängig, sondern tragen tatsächlich jede Lösung in uns. Das ist aus meiner Sicht wahre Macht.

Die Macht der Suggestion

»Unsere Erwartungen beeinflussen unser Verhalten zum Guten oder zum Schlechten.«

Gabrielle Orr

Ein Placebo ist auch eine Darstellung von Ideen. Wir können Suggestionen nutzen, um ein Energiefeld in einen positiven oder negativen Zustand zu bringen.

Eine Suggestion beinhaltet eine bestimmte Tatsache oder Situation oder weist darauf hin. Sie regt unsere Vorstellungskraft dazu an, aus Ideen neue Realitäten zu schaffen. Das wiederum bewegt uns dazu, unser Verhalten zu ändern.

Meine erste bewusste Begegnung mit der Macht der Suggestion erlebte ich im Alter von 18 Jahren in einem Kurs über autogenes Training an einer deutschen Volkshochschule. Autogenes Training ist eine Technik der Entspannung und Desensibilisierung, die vom deutschen Psychiater Johannes Heinrich Schulz entwickelt wurde. Dabei lernt man, wie man selbst Wärme und Schwere überall im Körper erzeugen kann. Diese Technik ist eine Art Vorläuferin unserer modernen Form der Meditation.

Mir hatte es Spaß gemacht zu spüren, wie mein Körper schwer wurde und dann sogar fast schwebte, während uns der Lehrer in immer tiefere Entspannung führte. Ich wunderte mich damals darüber, dass einfache Suggestionen eine derartige Wirkung auf meinen Körper hatten. Es war die Macht der Suggestion.

Wir Menschen haben die Fähigkeit, unglaubliche Vorstellungen zu erzeugen. Diese Imaginationen, die nichts anderes als mentale Suggestionen sind, haben das große Potenzial, sich in unsere Realität zu verwandeln.

Denk zum Beispiel an eine frische, saftige gelbe Zitrone. Stell dir vor, wie du diese saftige, bittersüße Zitrone in zwei Hälften schneidest und ihren Saft auf deine Zunge träufelst. Höchstwahrscheinlich hat dein Körper bereits beim Lesen reagiert: Du kannst den sauren Geschmack der Zitrone schon fast schmecken, und der Speichelfluss ist bereits erhöht. Das sind Reaktionen, die wir registrieren und uns bewusst machen können. Aber es geschieht währenddessen noch viel mehr. Dein Körper bereitet sich darauf vor, Nahrung zu verdauen. Wenn du dir auch nur vorstellst, etwas zu essen oder zu trinken, wie hier im Beispiel mit der

Zitrone, wird dein Körper darauf reagieren, als ob du tatsächlich gleich etwas essen würdest.

Suggestionen und Imaginationen können und werden in unseren Wahrnehmungserfahrungen eindeutige Resultate erzeugen. Eine Suggestion ist eine Affirmation, eine Bestätigung und Bestärkung, die als wahr und real erklärt wird.

Unsere Aufgabe besteht darin, uns darüber klar zu werden, welchen Zustand wir uns wünschen, damit wir ihn Wirklichkeit werden lassen können. Mithilfe positiver Suggestionen können wir unser Energiefeld so gestalten, dass es uns mit dem verbindet, was wir anstreben. So wie unser Körper auf eine Suggestion reagiert, reagiert auch unser Energiefeld darauf. Mit diesem Wissen halten wir echte Macht in unseren Händen.

Im Kapitel »Stelle deine eigene Tonaufnahme her« werde ich dir zeigen, wie du diese Erkenntnis in deinem Leben praktisch nutzen kannst.

Wie passt unser Spirit in die Naturwissenschaften und umgekehrt?

»Entdecke das Wissen über das wahrhaft Heilige.«

Gabrielle Orr

Das vorherige Kapitel habe ich mit der Einladung an dich beendet, darüber nachzudenken, was du erleben möchtest, damit du es bewusst erschaffen kannst. In diesem Kapitel möchte ich darüber sprechen, wie unsere spirituellen Seiten mit den Neurosynapsen, dem Placebo-Effekt, der Macht der Suggestion und dem wissenschaftlichen Hintergrund all dessen zusammenhängen.

Um echtes Glück und Lebensfreude zu kreieren, müssen wir zunächst herausfinden, was wir wirklich brauchen. Unsere Gesellschaft scheint in Gefahr zu sein. Sozialwissenschaftler berichten uns, dass in den reichen Ländern die Zahl der Menschen, die unter Depressionen leiden, in astronomische Höhen klettert und dass noch mehr Reichtum und Besitz uns nicht glücklicher machen.

Spirituelle Lehrer sagen uns seit jeher, dass Glück nur aus dem Inneren kommen kann. Das hat besonders in den westlichen Ländern zu einer fast epidemischen Suche danach geführt, wie denn dieses »Innen« tatsächlich aussieht.

Falls »Gott« existiert, dann hat es für uns, für unsere Seelen, einen Sinn, hier zu sein. Dann haben wir einen Grund, uns zu entwickeln und uns darum zu kümmern und daran zu arbeiten, bessere menschliche Wesen zu werden.

Falls das Universum jedoch nur ein »Zufallsprodukt« ist, warum sollten wir uns dann um irgendetwas kümmern? Warum sollten wir uns entwickeln, Mitgefühl aufbringen oder irgendwelche Fortschritte machen, wenn wir nur ein Zufallsprodukt der Natur sind?

Die Frage nach der Existenz Gottes muss jede und jeder für sich selbst beantworten. Mit dieser Antwort ist ein tieferer Sinn des Lebens verbunden, der uns unseren individuellen Lebenszweck offenbaren kann.

Die Wissenschaft will sich normalerweise nicht mit dem Bewusstsein beschäftigen. Vom wissenschaftlichen Standpunkt aus betrachtet, kann man Bewusstsein wirklich nicht messen. Wissenschaft strebt danach, objektiv zu sein, und nimmt das auch für sich selbst in Anspruch. Bewusstsein ist jedoch etwas Subjektives – und die Wissenschaft versucht, jegliche Subjektivität loszuwerden, die so unbeständig ist. Da Bewusstsein nicht messbar oder kontrollierbar ist, wird die Wissenschaft nicht so leicht eine gottähnliche Energie bestätigen oder sie auch einfach nur hinnehmen.

Während der Recherchen zu diesem Thema musste ich feststellen, dass es recht schwierig ist, überhaupt Material zum Verhältnis von Wissenschaft und Spiritualität zu finden. Allerdings habe ich unzählige Daten und Aufsätze über Diskurse zwischen Wissenschaft und Religion gefunden. In einem Artikel verteidigt ein Wissenschaftler seine Überzeugung, dass das Universum durch Zufälle entstanden ist, indem er darauf hinweist, dass Religion die Existenz Gottes benutzt, um ihre Anhänger zu manipulieren, denn religiös zu sein würde bedeuten, dass Gott die Menschen nach ihrem Tod richten würde. Ich habe mir beim Lesen gedacht, »na, das kommt ja wohl darauf an, an welche Art von Gott man glaubt«. Für mich strahlt Gott Güte und bedingungslose Liebe aus, so wie wir es erfahren, wenn wir Zugang zur AC erhalten.

Die Frage bleibt jedoch: Ist das Leben auf dem Planeten Erde möglich, weil eine höhere Intelligenz es so geplant hat, oder ist alles nur ein Zufall?

Der Planet Erde existiert aufgrund des präzisen Timings, in dem sich die Elemente Helium und Wasserstoff im genau richtigen Verhältnis miteinander verbanden. Sonst hätten wir nicht dieses außergewöhnliche Leben hier auf der Erde. Wäre eins der beiden Elemente nur einen Sekundenbruchteil später als nach dem Urknall entstanden, wären die Bedingungen für ein Leben auf der Erde nicht günstig gewesen.

Bei einer geringeren Entfernung der Erde zur Sonne wäre das Wasser so heiß, dass kein Leben hätte entstehen können ... Wäre die Erde weiter von der Sonne entfernt, wäre das Wasser gefroren und Leben aus diesem Grund unmöglich.

Es gibt etwa 200 Milliarden Galaxien in dem Teil des Universums, den wir beobachten können. Und wir existieren auf einem winzigen Fleckchen davon. Die Erde ist in unserer Galaxie, soweit wir das bisher wissen, der einzige Planet, der ideale Bedingungen für Leben bietet.

Das an sich ist bereits ein Wunder. Leider erinnern wir uns nur selten daran, wie außergewöhnlich diese Existenz wirklich ist und unter welchen ungewöhnlichen Bedingungen wir leben.

Wissenschaftler haben nicht ganz unrecht, wenn sie erklären, dass unsere Existenz auf exakte chemische und physikalische Reaktionen im Universum zurückzuführen ist. Es ist mehr als wahrscheinlich, dass diese Galaxie und viele weitere Galaxien eines Multiversums durch den Urknall entstanden sind.

Und obwohl das erstaunliche Informationen sind, suche ich immer noch nach einer Antwort auf die Frage, wer oder was den Urknall geschaffen hat.

Wissenschaftlern und spirituellen Lehrern ist gemeinsam, dass sie ihren Standpunkt nicht wirklich beweisen können. Dazu Dr. Kimberly Weaver, Astrophysikerin am NASA Goddard Space Flight Center: »In Bezug auf die Frage, woher der Urknall kommt, was ihn ausgelöst oder ihn angetrieben hat, müssen wir feststellen, dass wir das nicht wissen.«

Richard Dawkins, Professor für »Public Understanding of Science« an der Universität von Oxford, vertritt die Ansicht: »Bei der Religion geht es darum, nicht überprüften Glauben im Laufe der Zeit durch mächtige Institutionen in eine unerschütterliche Wahrheit zu verwandeln.« In einem anderen Interview sagt er überraschenderweise: »Die Essenz des Lebens ist eine statistische Unwahrscheinlichkeit kolossalen Ausmaßes.« Was im Kern bedeutet: Dass Leben überhaupt existiert, ist gegen alle Wahrscheinlichkeit.

Das Fehlen eines Beweises für die Existenz Gottes kann es uns sehr schwer machen, dazu eine eigene Meinung zu vertreten. Naturwissenschaftler geben zu, dass sie zwar die Biologie begreifen, aber noch nicht die Kosmologie. Man könnte sagen, dass die Kosmologie auf einen Darwin wartet, der sie entdeckt.

Das Resultat all dieser Überlegungen ist, dass jede Schlussfolgerung eher Theorie ist als eine Berechnung oder ein fester Standpunkt.

All diese Informationen könnten es einigen Menschen schwermachen, in diesem unglaublich großen Universum ihre eigene Kraft zu erkennen, weil sie nichts und niemanden finden, auf den sie sich beziehen können. Denn wer sind am Ende wir im Vergleich zu diesem außergewöhnlichen Universum?

Bestätigungen für unsere Überzeugungen machen es uns leichter, in Verbindung zu bleiben. Deshalb möchte ich einige absolut verblüffende Beispiele mit Ihnen teilen, bei denen meiner Meinung nach Spiritualität die Wissenschaft überstimmt.

Eben Alexander ist ein amerikanischer Neurochirurg und Autor des Buchs »Proof of Heaven. A Neurosurgeon's Journey into the Afterlife«[7], in dem er seine eigene Nahtoderfahrung von 2008 beschreibt und die Ansicht vertritt, dass die Wissenschaft feststellen und beweisen kann und wird, dass es tatsächlich einen Himmel gibt. Dr. Alexander hat die akademischen Referenzen und die fachliche Autorität, um die Wechselwirkung zwischen seiner Nahtoderfahrung und den medizinischen Tests zu erklären, die an ihm während seines siebentägigen Komas durchgeführt wurden. Eben Alexander: »Bewusstsein besteht unabhängig vom Gehirn, Tod ist ein Übergang, uns erwartet jenseits des Grabes eine Ewigkeit vollkommener Herrlichkeit. Unser Spirit ist nicht auf das Gehirn oder den Körper angewiesen. Er ist ewig, und niemand hat auch nur einen harten Beweis dafür, dass er es nicht ist.«

Er erläutert weiter, dass »Kommunikation mit Gott die außergewöhnlichste Erfahrung darstellt, die man sich nur vorstellen kann, und zugleich ist es die natürlichste Sache der Welt, weil Gott in uns immer gegenwärtig ist. Gott ist allwissend, allmächtig, persönlich und liebt uns bedingungslos. Wir alle sind miteinander als Eines verbunden aufgrund unserer göttlichen Verbindung mit Gott.« Und als Nachklang zu unserem Wissen über den Placebo-Effekt möchte ich noch diese Aussage hinzufügen: »Eine Geschichte – eine wahre Geschichte – kann genauso heilen, wie es Medizin kann.«

Anita Moorjani litt bereits seit vier Jahren unter Krebs und befand sich im Endstadium, als ihre Organe den Dienst versagten und sie ins Koma fiel. Sie wurde ins Krankenhaus gebracht, wo sie eine Nahtoderfahrung hatte. Nachdem sie wieder aufgewacht war, heilte sich der Körper innerhalb weniger Tage und nach einigen Monaten war sie vollständig krebsfrei.

Interessant an dieser Geschichte ist, dass jedes Stadium ihrer Krankheitsgeschichte von Ärzten und Krankenhäusern dokumentiert wurde und dass es keinerlei medizinische Erklärung für ihre Genesung gibt.

Anita hat den internationalen Bestseller »Dying To Be Me«[8] geschrieben, in dem sie ihre Erlebnisse während der Nahtoderfahrung schildert. Ihr Buch habe ich geliebt. Ihre Geschichte fängt ganz einfach an, so wie viele unserer eigenen Geschichten. Wir durchleben schwierige Situationen in der Kindheit, die sich uns und unseren Seelen einprägen und noch viele Jahre später Nachwirkungen haben. Ich war allerdings von der Art fasziniert, wie sie ihre Erfahrungen auf der anderen Seite beschreibt, weil sie mit allen Informationen übereinstimmen, die ich aus der AC erhalten habe. Ab Seite 111 ihres Buches habe ich fast alles unterstrichen, weil ich Harmonie und Übereinstimmung mit meinen eigenen Entdeckungen und Erfahrungen spürte.

Sie berichtet, dass sie nach dem Erwachen einfach »wusste, dass alles in Ordnung kommen wird. Unter all den anderen Botschaften, die ich von dort mitbrachte – dass wir alle eins sind, dass wir im Kern Liebe sind, dass wir großartig sind – war dies die stärkste Botschaft, und sie schwang in mir nach. Ich begann mich als einen göttlichen und integralen Teil eines größeren Ganzen zu sehen. Das schließt alles im gesamten Universum ein, alles, was je existierte und jemals existieren wird, und alles ist miteinander verbunden.«

Ich war begeistert, als ich Anitas Mitteilungen las, da ich ganz genau dieselben Botschaften so viele Male in der AC gehört hatte. Deshalb trägt mein erstes Buch den Untertitel »One True Love« – »Eine wahre Liebe«. Das bezieht sich auf unsere Verbundenheit über Raum und Zeit. Um das den Teilnehmern meiner AC-Seminare zu demonstrieren, habe ich bestimmte Übungen entwickelt, die sie befähigen, ganz genau dieselbe Information wie in Anitas Buch zu empfangen. Wir sind wirklich alle miteinander verbunden in diesem Netz des Lebens.

Natalie Sudman war eine Zivilangestellte des »Army Corps of Engineers« in Basra und in Nasiriyah im Irak, als eine Mine am Straßenrand ihr Fahrzeug zerstörte. Als Folge der schweren Verletzungen durch die Straßenbombe hatte Natalie eine Nahtoderfahrung, während der sie ihren Körper verließ und in die Geistige Welt eintrat. Sie konnte sich an alles erinnern, und während der Zeit im Krankenhaus kamen weitere Einzelheiten in ihr Gedächtnis zurück. Der frühere US-Präsident George W. Bush besuchte sie zum Beispiel während ihrer Rekonvaleszenz im Militärkrankenhaus.

Vor ihrer Nahtoderfahrung war Natalie sehr skeptisch gegenüber außersinnlichen Themen. Sie ist Autorin des Buchs »Application of Impossible Things«[9]. Darin beschreibt sie in allen Einzelheiten, wie sie ihre Nahtoderfahrung erlebte und versteht. Ihre Einsichten sind auf jeder Ebene sehr wertvoll: »Die Religion sagt uns, dass wir im Grunde Sünder sind und die Wissenschaft teilt uns mit, dass wir grundsätzlich aggressive Überlebende sind. Meine eigene Erfahrung in einem erweiterten Bewusstseinsumfeld (Anm. d. Autorin: wie sie ihre Nahtoderfahrung nennt) versichert mir indes, dass wir von Grund auf gut, heilig, kooperativ, kreativ und erstaunlich cool sind. Aus dem Blickwinkel eines erweiterten Bewusstseins wird jede Handlung als Ausdruck von Kreativität und Sinnhaftigkeit verstanden, welche das Gleichgewicht und die Ordnung des ganzen Alles Was Ist beeinflusst.«

Elisabeth Kübler-Ross war eine schweizerisch-US-amerikanische Psychiaterin und Pionierin der Erforschung von Nahtoderfahrungen. Sie gilt als eine der führenden Autoritäten auf dem Gebiet von Tod, Sterben und Übergang. 1957 schloss sie ihr Medizinstudium an der Universität von Zürich ab. 2007 (drei Jahre nach ihrem Tod) wurde sie in die »American National Women's Hall of Fame« aufgenommen, eine Art virtueller Ruhmeshalle US-amerikanischer Frauen. Sie schrieb zahlreiche Bücher, unter anderem »Was der Tod uns lehren kann« sowie »Über den Tod und das Leben danach«. Darin beschreibt sie die Sterbeforschung und ihre Erkenntnisse, was das Leben wirklich bedeutet.

»Nach deinem Tod, wenn die meisten von euch zum ersten Mal realisieren, worum es im Leben hier wirklich geht, wirst du erkennen, dass dein Leben fast nichts anderes als die Summe jeder Entscheidung und Wahl ist, welche du in jedem Augenblick deines Lebens getroffen hast. Deine Gedanken, für die du selbst verantwortlich bist, sind so real wie deine Handlungen. Du wirst anfangen zu begreifen, dass jedes Wort und jede Tat auf dein Leben einwirkt und auch das Leben von Tausenden anderer Menschen berührt hat.«

Sie beschreibt den Tod als ein »einfaches Ablegen des irdischen Körpers, wie der Schmetterling seinem Kokon entschlüpft. Tod ist ein Übergang in einen höheren Bewusstseinszustand, in dem du weiterhin wahrnimmst, verstehst, lachst und fähig bist zu wachsen.«

Dr. Barbara Brennan hat früher als Physikerin am Goddard Space Center, einer Raumfahrteinrichtung, gearbeitet und ist heute eine weltbekannte Heilerin, Lehrerin und Autorin der Bestseller »Hands of Light« und »Light Emerging«[10]. Ihre Erkenntnisse sind eine wichtige Grundlage, um Dinge zu verstehen, die bislang noch nicht bewiesen werden können. So schreibt sie: »Im Verlauf von Experimenten haben Physiker in den letzten Dekaden entdeckt, dass Materie gänzlich veränderlich ist und in andere Teilchen oder in Energie umgewandelt werden kann und umgekehrt. Auf einer subatomaren Ebene existiert Materie nicht mehr mit Gewissheit an bestimmten Orten, sondern weist vielmehr ›Tendenzen‹ auf, an bestimmten Orten zu existieren. Die Quantenphysik beginnt zu erkennen, dass das Universum ein dynamisches Gewebe miteinander untrennbar verbundener Energiemuster zu sein scheint. Wenn das Universum tatsächlich als ein solches Netzwerk oder Gewebe besteht, folgt ganz logisch, dass es so etwas wie einen Teil gar nicht gibt. Demnach sind wir nicht getrennte Teile eines Ganzen, sondern wir sind das Ganze.«

Eine ihrer Feststellungen entspricht den Informationen, die viele von uns immer wieder aus der AC erhalten: »Krankheit ist die Folge von Ungleichgewicht. Ungleichgewicht ist die Folge davon, dass wir vergessen, wer wir sind. Zu vergessen wer wir sind, erzeugt Gedanken und Handlungen, die zu einem ungesunden Lebensstil führen und schließlich zu Krankheit.« Krankheit kann also als eine

Lektion verstanden werden, die du dir selbst gibst, um dich daran zu erinnern, wer du bist.

Ich könnte noch mehr solcher Beispiele anführen, aber die oben genannten bieten uns genug Anschauungsmaterial dafür, dass mehr am Leben dran ist, als nur unsere Rechnungen zu bezahlen.

Der Laie ist am Ende auf sich selbst gestellt, um die richtigen Antworten auf diese Fragen zu finden. Ich persönlich finde das gut. Unsicherheit gibt dir den Raum, um selbst herauszufinden, was für dich stimmig ist und was nicht. Es geht ja um deine individuelle Lebensreise, und du kannst jeden Schritt des Weges genießen.

Ich meine, Leben ist für uns das, was die Sonne für die Erde ist. Wenn wir uns zu weit von den genau richtigen Umständen entfernen, wird es entweder zu heiß oder zu kalt. Es gibt zahlreiche Hinweise, zum Beispiel Synchronizitäten, eine Krankheit oder eine Nahtoderfahrung, die uns einladen, auf den richtigen Pfad zu gelangen bzw. auf ihm zu bleiben und unsere unglaubliche Kraft zu entfesseln und unseren Lebenszweck zu erfüllen.

TEIL II

Welche Energien wirken?

Der Ursprung des Problems

»Ein Volk ohne das Wissen um seine Geschichte, seinen Ursprung und seine Kultur ist wie ein Baum ohne Wurzeln.«.

MARCUS GARVEY

Wenn wir im Garten Unkraut jäten wollen, dann müssen wir es mitsamt seinen Wurzeln entfernen. Wenn wir die Wurzeln nicht vollständig aus der Erde heraus reißen, wird es sich vermehren, erneut wachsen und schließlich das zerstören, was wir so sorgfältig angepflanzt haben. Dasselbe gilt auch für all unsere Herausforderungen und Schwierigkeiten. Es nutzt uns sehr, wenn wir den Ursprung unserer Themen umfassend erkennen, damit wir sie mitsamt ihrer Wurzel beseitigen können.

Die Probleme können weit gestreut sein, denn damit ist alles gemeint, was wir als kompliziert und herausfordernd erfahren. Dazu gehören Krankheit, Finanzthemen, Beziehungsprobleme, Suchtverhalten und vieles mehr.

Das Problem muss noch nicht einmal eine echte Bedrohung sein. Jeder Mensch reagiert anders auf eine medizinische Diagnose, eine Scheidung, einen Lotteriegewinn oder eine Insolvenz. Was für die eine Person kompliziert ist, mag für die andere normal sein oder für einen Dritten das Tor zu seiner Befreiung. Wie wir unsere Lebensumstände und unsere Umwelt wahrnehmen, hängt von vielen verborgenen Erinnerungen ab.

Dennoch gibt es einen gemeinsamen Nenner für die richtige Lösung. Jeder wertvolle Rat muss aus einem Energiefeld kommen, das die Schwingung des ursprünglichen Problems und seiner Nebenwirkungen übersteigt.

Es hilft zu verstehen, dass wir und unsere gegenwärtigen Probleme auf derselben energetischen Ebene schwingen. Anders geht es gar nicht. Wenn wir ein Problem haben, dann ist es Teil unseres Energiefeldes und auch von uns selbst. Sonst hätten wir das Problem gar nicht.

Das ist leider oft der Grund, warum es uns so schwerfällt, uns aus einem Dilemma wieder hinauszumanövrieren. Meistens bedarf es einer bestimmten Fähigkeit und Zeit, um ein neues Energiefeld zu erzeugen, das nicht auf derselben Frequenz schwingt wie das Problem.

Es ist anspruchsvoll für uns, einen Fahrplan zu erstellen, wie wir aus der Dunkelheit ins Licht gelangen können. Denn wir müssen ja über das hinausblicken können, was uns unsere jetzige Realität widerspiegelt.

Die meisten Menschen versuchen, Antworten auf Probleme in sich zu finden. Jemand, der zum Beispiel kein

Geld hat, sieht sich vielleicht seine Ausgaben an und versucht, mehr Geld zu verdienen, oder er stellt sich ein sorgenfreies Leben in Wohlstand vor. Doch nur sehr wenig Menschen können ihre Probleme lösen, indem sie sich nur ihre »offensichtlichen« Themen anschauen.

Um die richtige Lösung zu finden, müssen wir tiefer unter die Oberfläche graben. Wir wollen die ursprüngliche Ursache finden und sie wie Unkraut mit Stumpf und Stiel ausreißen. Es hat sich bewährt, mit diesen Fragen anzufangen:

- Welches ist mein Wurzelproblem?
- Welche Art von Energie versteckt sich hinter meiner Krankheit, meinem Beziehungsthema, meinem Finanzproblem und so fort?
- Was will dieses Problem in mein Bewusstsein bringen?
- Was kann ich unternehmen, um eine Veränderung oder Heilung anzustoßen?

Die Antworten auf diese Fragen sind der Fahrplan zu unserer tiefen Heilung. Wenn ich von »tieferer Heilung« spreche, meine ich unsere liebevolle Ausrichtung auf unsere Seelenaufgabe.

Heilung, die sich nur auf die oberflächlichen Themen beschränkt, wird nicht von Dauer sein. Wenn wir uns nicht ganz für unsere Heilung engagieren, werden wir bald entdecken, dass unser Problem einen anderen Schwachpunkt in unserem Leben findet, um wieder an die Oberfläche zu gelangen und unsere Aufmerksamkeit zu fordern. Jedes Problem wird so lange bestehen bleiben, bis wir seinen tieferen Sinn verstanden haben.

Dazu das Beispiel einer Klientin: Du wirst feststellen, dass die ursprüngliche Frage, um die es bei der Lesung der AC ging, sie zu einem viel wesentlicheren Thema geführt hat. Mit der daraus gewonnenen Erkenntnis konnte sie sowohl mit ihrem an der Oberfläche sichtbaren Problem klar kommen als auch mit der viel tiefer liegenden Ursache. Selbstverständlich habe ich den Namen meiner Klientin geändert.

Olga ist eine wundervolle junge Frau, die in einer sehr katholischen Familie aufgewachsen ist. Sie war alleinerziehende Mutter eines damals zehnjährigen Sohnes und verdiente den Lebensunterhalt für ihre kleine Familie mit harter Arbeit. Olga kam mit der Frage zu mir, wie sie mehr Geld verdienen könnte, um für ihren Sohn und sich selbst das Leben besser zu gestalten.

Ihre AC bestimmte jedoch, dass über die Männer gesprochen werden sollte, die sie sich als Partner aussuchte. Olga schien immer wieder Partner auszuwählen, die keinen Beruf hatten. Sie hatte bereits gelernt, einen Mann nicht finanziell zu unterstützen, hatte aber immer noch Schwierigkeiten, sich jemanden vorzustellen, der sie mal zum Abendessen einlud und es bezahlte oder ihr ein hübsches Geschenk machte.

Olga wurde in der AC gezeigt, dass sie diese Männer anzog, weil sie sich dafür schämte, mit 18 Jahren unverheiratet schwanger geworden zu sein. Sie fühlte sich als Versagerin und ihre niedrig schwingende Energiefrequenz zog sie zu Partnern hin, die dieses Schamgefühl noch verstärkten. Solange sie nicht ihr Schamgefühl loslassen konnte, würde sie weiterhin mit Männern in Resonanz sein, auf die sie nicht wirklich stolz sein konnte. Sie hatte nur ein geringes Selbstwertgefühl und meinte, dass sie es nicht verdiente, geschätzt und verwöhnt zu werden.

Die Scham, die sie auf einer unterbewussten Ebene mit sich herumtrug, ließ sie in beschämenden Erfahrungen und Situationen feststecken. Auf der Ebene ihres Tagesbewusstseins hatte sie zwar die »Peinlichkeit« überwunden, mit 18 schwanger geworden zu sein. Auf einer viel tieferen Ebene war die Demütigung jedoch noch in ihr aktiv und manifestierte sich darin, dass sie entweder nicht genug Geld hatte oder keinen guten Partner. Diese beiden Wünsche – größerer Wohlstand und »vorzeigbarer« Freund – gingen Hand in Hand, da sie Ausdruck derselben Energieschwingung waren.

Olga musste viel über Selbstachtung lernen. Sie erhielt den Rat, sich nach alleinerziehenden Müttern umzusehen, von denen sie etwas lernen konnte. Sie wurde auch gebeten zu lernen, ihre eigenen Bedürfnisse und Wünsche klar auszusprechen und gesunde Grenzen zu setzen. Zunächst fiel es ihr schwer anzunehmen, dass ein Nein gegenüber anderen Menschen oft ein Ja für sie selbst bedeutete.

Es war an der Zeit für sie, zu erkennen, dass sie ein wunderbares Wesen ist. Olga lernte, ein gesundes Selbstwertgefühl und ein stimmiges Umfeld aufzubauen. Allmählich war sie stolz darauf, was sie als alleinerziehende Mutter leistete. Sie entdeckte, dass sie es verdiente, ein gutes Leben zu führen, und dass es weder sündig noch schlecht war, dass sie so jung schwanger geworden war. Sie fand eine besser bezahlte Arbeitsstelle und verdiente rasch mehr Geld. Als Folge ihrer Entwicklung entschied sie sich, eine Pause beim Dating einzulegen und sich stattdessen mehr auf echte und dauerhafte Freundschaften auszurichten, die auch emotionale Unterstützung boten. Heute ist sie auf ihren Sohn fokussiert, auf ihre eigene Entwicklung und darauf, mehr Freude und Lachen in ihr Leben zu bringen.

Ich habe dieses Beispiel ausgewählt, weil es zeigt, dass ein Problem, mit dem wir es jetzt zu tun haben, auf einer Emotion oder Erfahrung beruht, die in der Vergangenheit wurzelt. Wenn Olga heute einem interessanten Mann begegnet, fragt sie sich, ob sich der reife Teil in ihr von ihm angezogen fühlt oder ob ihr altes Muster von Schamgefühlen von einem tiefer schwingenden Energiefeld angezogen ist. Sie hat auch gelernt, sich auf eine höhere Energieebene zu erheben.

Geschichten wie diese gelten für jeden von uns, weil unser Unterbewusstsein jede Emotion und jede Erfahrung gespeichert hat, die wir jemals erlebt haben. Das klingt vielleicht entmutigend, weil viele von uns nicht unbedingt unter den allerbesten Umständen aufgewachsen sind. Ich kann dir dennoch versichern, dass alles, was wir bisher in unserem Leben erlebt haben, in Übereinstimmung mit der universellen und göttlichen Vollkommenheit ist. Es hat uns zu der Person gemacht, die wir heute sind – und das heißt, dass wir wunderbare Menschen sind, die danach streben, unsere Lebensaufgabe auf die beste und freudigste Weise zu erfüllen, die uns möglich ist.

Wir müssen uns auch nicht jeder nur denkbaren Schwierigkeit auf einmal zuwenden. Es reicht, sich auf ein Thema zu konzentrieren und das zu lösen. Das Universum ist unser Partner, der uns freundschaftlich unterstützt. Sobald wir damit beginnen, uns auf die Verbesserung unseres Lebens in einem Bereich zu fokussieren, werden meist auch andere Themen leichter.

Im nächsten Kapitel schauen wir uns einige der verborgenen Bereiche unseres Unterbewusstseins an, zum Beispiel frühere Leben, frühe Kindheitstraumen und energetische Bindungen, in denen sich gern tiefere Themen ansiedeln. Die neuen Einsichten, die wir aus diesen bisher meist unbeachteten Lebensbereichen gewinnen können, sind ermächtigend und können unser Leben verändern.

Frühere Leben

»Deine ewige Seele kennt ihren eigenen Wert und Sinn.«

,Gabrielle Orr

Die Energie unserer Seele folgt einem kontinuierlichen Weg, der von einer Lebenszeit in die nächste führt. Das während des früheren Lebens entstandene Energiefeld hört nicht mit dem Ende unserer menschlichen Erfahrung auf. Meist werden wir nicht in ein völlig anderes Energiefeld hineingeboren, wenn wir zu einer neuen Erdenreise zurückkehren. Vielmehr entscheiden wir uns, unsere Beziehungen und Lektionen fortzusetzen und dort weiter an unseren Schwächen und Blockaden zu arbeiten, wo wir am Ende der letzten Reinkarnation damit aufgehört haben. Das ist der Grund, warum manche unserer Themen in diesem Leben ihren Ursprung in einem vergangenen Leben haben.

Den Kern der meisten Glaubenslehren zur Reinkarnation bildet die Überzeugung, dass wir bereits viele Male gelebt haben. Das Konzept der Reinkarnation und die Vorstellung von früheren Leben existieren seit Tausenden von Jahren und sind zum Beispiel in der griechischen, keltischen, indischen und fernöstlichen Tradition enthalten. Reinkarnation ist nichts anderes als die Wiedergeburt der Energie und Lebenskraft. Es ist eine »Metempsychose«, wie die Griechen es nannten, eine »Seelenwanderung«.

Die Meinungen zum Phänomen der Reinkarnation gehen auseinander: Wissenschaftler sind der Ansicht, dass es keine faktischen Beweise dafür gibt, während manche Menschen unerklärliche Erfahrungen machen, die auf die Reinkarnation hinweisen.

Reinkarnation ist die einzig mögliche Erklärung dafür, dass kleine Kinder von nur drei Jahren detaillierte Kenntnisse ihres früheren Lebens haben, dass sie Einzelheiten über Angehörige aus dem vergangenen Leben wissen und erzählen, wie sie im letzten Leben gestorben sind.

Professor Ian Stevenson (1918–2007) hat Kinder mit Erinnerungen an frühere Leben erforscht. Seine Arbeit wurde von der Wissenschaft weitgehend anerkannt. Stevenson war 50 Jahre lang an der medizinischen Fakultät der Universität von Virginia tätig, war von 1957 bis 1967 Dekan des Instituts für Psychiatrie, von 1967 bis 2001 Professor der Psychiatrie (Carlson-Lehrstuhl) und hatte von 2002 bis 2007 eine Forschungsprofessur für Psychiatrie inne.

Für seine Erforschung der Reinkarnation und die These, dass Erinnerungen, Emotionen und körperliche Verletzungen von einem Leben in ein nächstes übertragen werden können, wurde er international bekannt.

Er führte Tausende von Fallstudien an Kindern durch, die sich an ein früheres Leben erinnerten. Stevenson verfolgte diesen Ansatz, weil Spontanerinnerungen an vergangene Leben bei einem Kind mit streng wissenschaftlichen Aufzeichnungen untersucht werden können. Stevenson konnte aufgrund der Erinnerungen der Kinder in vielen Fällen Fakten über Verstorbene herausfinden, zum Beispiel angeborene Missbildungen, Verletzungen und Narben. Dazu wertete er noch vorhandene medizinische Aufzeichnungen aus. Seine präzisen Forschungsmethoden schließen systematisch alle anderen möglichen Erklärungen für die Erinnerungen der Kinder außer der Reinkarnation aus.

Seit ich seine Forschungen kennengelernt habe, frage ich Kinder gerne, ob sie sich erinnern, wer sie im letzten Leben gewesen sind. Die Antworten sind manchmal sehr überzeugend, aber manchmal auch recht »kreativ«.

Es kann interessant und inspirierend sein, Sherlock Holmes zu spielen und die Erinnerungen von Kindern weiter zu erkunden. Die Geschichten sind oft faszinierend und können eigene Erinnerungen auslösen, die in unserem Energiefeld gespeichert sind und nun ans Licht kommen.

Normalerweise erinnern wir uns nicht an frühere Leben. Unsere Seele hat sich diesen angeborenen psychologischen Schutzmechanismus angeeignet, um schmerzliche Geschehnisse zu vergessen und sich erfolgreich weiterzuentwickeln. In vergangenen Leben haben wir eine Menge guter und angenehmer Erfahrungen gemacht, und es wäre wundervoll, wenn wir uns ganz einfach an diese Augenblicke der Liebe und des Segens erinnern könnten. Allerdings haben diese glücklichen Zeiten meist nichts mit jenen Erfahrungen zu tun, die unsere Aufgaben im Hier und Jetzt betreffen. Neben den Segnungen gibt es auch Schmerz, Betrug, Traumen und Tod, und das sind die Erfahrungen, aus denen sich unsere Lektionen ergeben.

Wir alle haben gewisse Vorlieben und Abneigungen, die sich auf Lektionen aus unseren früheren Leben beziehen. Für unser heutiges Leben ist es sehr nützlich, die Ursprünge unserer Blockaden zu beleuchten. Die folgenden Beispiele machen deutlich, wie Muster aus früheren Leben uns heute beeinflussen, und wie wir davon profitieren können, sie zu verstehen und aufzulösen.

Déjà-vu

Das Phänomen des Déjà-vus taucht spontan auf und kann durch Gerüche, Klänge, einen Anblick oder Geschmack ausgelöst werden. Es erzeugt das merkwürdige Gefühl, dass wir einen bestimmten Moment schon einmal erlebt haben. Irgendetwas an der Situation fühlt sich seltsam vertraut an.

Großes Interesse an oder Abneigung gegen bestimmte Kulturen

Eine unerklärliche Vorliebe für oder Abneigung gegen bestimmte Kulturen oder eine geschichtliche Epoche kann ein Überbleibsel aus einem früheren Leben sein. Solche Emotionen haben sich oft in einer vergangenen Zeit angesammelt, die unsere Seele miterlebt hat. Wenn du zum Beispiel eine eigentümliche Neigung zu indigenen Völkern spürst, zur afroamerikanischen Geschichte oder zum Zweiten Weltkrieg oder du eine Aversion gegen indische Küche oder sogar Allergien hast oder nicht in einer Großstadt leben magst, kann das auf einen Zusammenhang mit einem vergangenen Leben hindeuten.

Das Zellgedächtnis

Unerklärliche Schmerzen, Wunden, Beschwerden und Behinderungen, für die es keine medizinischen Ursachen gibt, können sich auf etwas beziehen, das man in einer früheren Existenz erlitten hat. Es scheint, als ob die Erinnerung daran im Zellgewebe gespeichert ist und eine unerklärliche Reaktion auf bestimmte Ereignisse oder Erfahrungen verursacht.

Ich habe zum Beispiel festgestellt, dass es bei Asthmapatienten einen starken Zusammenhang damit gibt, dass sie in einem früheren Leben verbrannt wurden, womöglich bei lebendigem Leibe. Asthma scheint ein Anzeichen dafür zu sein, dass die Person in einem oder mehreren vergangenen Leben erstickt wurde.

Unerklärliche Ängste oder Phobien

Manche Menschen sind davon überzeugt, dass Traumen aus früheren Leben in Form von unerklärlichen Ängsten oder Phobien wiederkehren können. Dazu zählt die Angst vor dem Ertrinken, die Furcht vor bestimmten Tieren oder Vorbehalte gegen bestimmte Orte und Menschen.

Eine starke emotionale Verurteilung ist übrigens der Hinweis auf ein tief eingeprägtes dogmatisches Muster, das höchstwahrscheinlich aus einer Erfahrung in einem Vorleben stammt.

Es kann auf unglaubliche Weise unsere Augen öffnen und uns heilen, wenn wir die Verbindung zu unseren Vorleben und zu der Energie verstehen, die wir in unser jetziges Leben mitgebracht haben. Wenn wir einmal den Zusammenhang zwischen früheren Leben und unseren jetzigen Problemen erfasst haben, haben wir unsere Lektion gelernt und müssen nicht mehr länger an Schmerzen, Ängsten und Phobien festhalten.

Wir brauchen dann auch nicht mehr die Menschen in unser Leben ziehen, die in irgendeinem früheren Leben unsere »Lehrer« waren. Wir können sie aus unserem karmischen Kreis ausschließen und liebevollere Beziehungen und Erfahrungen kreieren.

Hier ist ein schönes Beispiel dafür, wie etwas, das im Jetzt erlebt wird, erst durch seine Verbindung zu einem früheren Leben verständlich wird: Meine Klientin Joy fragte mich während einer AC-Beratung, ob ich ihr helfen könnte zu verstehen, warum sie unbedingt lernen wollte, Harfe zu spielen. Joy besaß eine wunderschöne alte Harfe und übte bereits jeden Tag, jedoch ohne Leidenschaft. Allerdings konnte sie von ihrem Drang, Harfe zu spielen, auch nicht einfach lassen. Die AC zeigte ihr ein früheres Leben, in dem sie ein sehr krankes kleines Mädchen war, das allein im Bett lag. Das Zimmer war dunkel und ohne Farben. Ihre Mutter durfte nicht zu ihr kommen, weil ihre Krankheit ansteckend war. Um die Verbindung mit ihrer kleinen Tochter aufrechtzuerhalten, spielte die Mutter Harfe für sie. Wenn das Kind die sanften Klänge der Harfe hörte, wusste sie, dass ihre Mutter da war, sie liebte und sich um sie kümmerte. Diese Erinnerung schwang noch in Joys Energiefeld nach. Die unerklärliche Zuneigung zur Harfe hing zusammen mit ihrer Sehnsucht nach der Liebe und Fürsorge ihrer Mutter.

In einem anderen Reading in der AC ging es um Ginger, eine professionelle Tennisspielerin. Sie störte sich an ihrem Zwang, nach ihrem Tennistraining noch eine Stunde laufen zu müssen. Ginger sagte, dass sie sich ohne ihren abendlichen Lauf nicht komplett fühlen würde. Die Verbindung zu einem früheren Leben als Kurierläuferin war rasch hergestellt. Es schien dabei keine Rolle zu spielen, für wen sie gearbeitet hatte. Die Botschaft betonte die schreckliche Situation, dass es sich jedes Mal um einen Lauf auf Leben und Tod gehandelt hatte. Sie musste schnell rennen. Schnell genug, um ihren Feinden zu entkommen und sowohl ihr Leben als auch die Nachrichten zu schützen.

In diesem Leben spürte Ginger das Bedürfnis, nach ihrer Arbeit zu laufen, um auf diese Weise allen Sorgen und Problemen zu entfliehen. Als sie den Zusammenhang zwischen ihrem Laufmuster und dem Stress erkannte, den sie in einem früheren Leben gehabt hatte, konnte sie bessere und wirksamere Methoden entwickeln, um mit ihren aktuellen Ängsten und Sorgen klarzukommen. Jetzt läuft Ginger nur noch dann, wenn sie es wirklich möchte.

In Teil IV findest du in der To-do-Liste eine Meditation zu früheren Leben. Diese Meditation wird dir helfen, Einblicke und Einsichten in deine eigenen Vorleben zu erlangen und den Zusammenhang mit deinen heutigen Mustern zu erkennen.

Ein Gedanke für fortgeschrittene Leser

Manchmal heißt es, dass die einzige Zeit, die wir haben, die Gegenwart ist und dass frühere Leben nicht linear ablaufen, sondern dass alles in verschiedenen Dimensionen gleichzeitig geschieht. Das ist für unseren menschlichen Verstand eine schwierige Vorstellung. Wir sind daran gewöhnt, dass alles zu einer ganz speziellen Zeit geschieht, und dass Vergangenheit, Gegenwart und Zukunft chronologisch verlaufen. In meiner Arbeit mit der AC habe ich mich oft gefragt, wie Raum, Zeit und Bewusstsein zusammenhängen, und ich gebe mein Bestes, es dir so einfach wie möglich zu erklären.

Stell dir vor, du sitzt in einem ganz dunklen Raum. Jemand, dem du vertraust, hat dich dort hineingesetzt, damit ihr ein kleines Zeit-Raum-Experiment machen könnt, und du hast nichts zu befürchten. Du sitzt in einem bequemen Sessel und wartest auf Anweisungen. Du sitzt bereits eine Weile in dem dunklen Raum, als jemand eine Taschenlampe anmacht. Das Licht fällt auf ein Klavier, das weit entfernt von dir steht. Dann geht das Licht wieder aus, und du sitzt wieder in völliger Dunkelheit. Nach einer Zeit geht die Taschenlampe ein zweites Mal an. Dieses Mal scheint sie auf einen Stuhl, der links von dir steht. Dann geht die Taschenlampe wieder aus, und du sitzt wieder im Dunkeln. Nun leuchtet das Licht ein drittes Mal auf, und du siehst eine hübsche Katze, die nahe bei deinen Füßen sitzt. Danach geht das Licht wieder aus.

In unserem Bewusstsein haben wir soeben Zeit und Raum erschaffen. Zuerst war das Klavier weit von uns entfernt. Danach links von uns ein Stuhl und schließlich die Katze am Boden. Wir haben also eine zeitliche Abfolge kreiert – erstens, zweitens und drittens – und auch Raum – weit entfernt, zur Linken und unten bei den Füßen. Das ist alles, was *du* weißt.

Was geschieht, wenn jemand das Licht im ganzen Raum anschaltet? *Jetzt* kannst du alles zur selben Zeit und im selben Raum sehen. Das Klavier, der Stuhl und die Katze und viele andere Dinge sind mit einem Male sichtbar – und zwar gleichzeitig. Dein Bewusstsein von Zeit und Raum ist erweitert. Alles ist in diesem einen Augenblick da.

Ich glaube, dass dies für unsere Erfahrungen mit vergangenen Leben zutrifft. Unser begrenztes menschliches

Bewusstsein ist vergleichbar mit dem Sitzen in einem dunklen Raum. Wir sehen und verstehen nur die Dinge, die wir wahrnehmen können. Wenn wir mehr von unserem wahren Sein wahrnehmen und uns dessen bewusster werden, dann beginnen wir, Zeit und Raum anders zu verstehen.

Ein weiterer anspruchsvoller Gedanke beschäftigt sich mit dem Zusammenhang zwischen den Mustern unserer vergangenen Leben und denen der frühen Kindheit, was nicht selten vorkommt. Wenn unsere Seele beschließt, eine Emotion aus einem früheren Leben zu erweitern, dann richtet sie sich im gegenwärtigen Leben auf ähnliche Ereignisse aus. Das Problem wird auf die eine oder andere Weise in unserem jetzigen Leben so verankert, dass wir die Lehren daraus nicht ignorieren können. Wenn eine Seele vielleicht in einer früheren Inkarnation Vergebung hatte lernen wollen und sich entscheidet, mit der Lektion in diesem Leben fortzufahren, dann ist es wahrscheinlich, dass die Person entsprechende tief gehende Erfahrungen in ihrer frühen Kindheit macht. Eine tiefe Verletzung sorgt dafür, dass die Person zu einem Meister der Vergebung wird. Vergebung ist eine Eigenschaft, die nur durch das Herz erlangt werden kann.

Frühe Kindheit

»Wenn es irgendjemanden oder irgendetwas gibt,
der oder das mich in der Vergangenheit verletzt hat,
bewusst oder unbewusst, so vergebe ich und lasse es los.«

AKASHA-CHRONIK

Jeder von uns trägt Muster oder Probleme mit sich herum, die aus unserer frühen Kindheit stammen. Wenn wir unsere Eltern oder die Menschen, die sich um uns gekümmert haben, für unsere Schwierigkeiten oder Umstände verantwortlich machen, wird uns das nie helfen zu heilen und uns davon zu lösen. Wir müssen erkennen, dass unsere Eltern nur das Resultat ihrer eigenen Kindheitsprobleme sind und es leider nicht besser wussten.

Wenn wir den Begriff »frühe Kindheit« verwenden, dann ist damit üblicherweise die Zeit von der Geburt bis zum Alter von drei Jahren gemeint. Ich schließe in diesem Kapitel jedoch die vorgeburtliche Entwicklung mit ein, weil die Zeit vor der Geburt eine ebenso wesentliche Wirkung auf unsere Entwicklung, unser Wohlergehen und unsere Gesundheit hat.

Lange bevor wir geboren werden, erhalten wir Signale und Botschaften über diese Welt. Die Wahrnehmung der Umwelt durch die Mutter wird immer an den Fötus weitergegeben. Das Blut der Mutter leitet nicht nur Nährstoffe weiter, sondern auch alle Hormone, die freigesetzt werden durch Emotionen oder Stress. Wenn sie wütend ist, empfängt der

Fötus Wutenergie. Wenn sie niedergeschlagen ist, ist der Fötus traurig, und wenn sie ruhig und friedlich ist, herrscht auch beim Fötus eine ruhige und friedliche Energie.

Darüber schreibt Dr. Thomas Verny, Autor von »The Secret Life of the Unborn Child«[11]: »Alles, was die schwangere Mutter fühlt und denkt, wird über Neurohormone an ihr ungeborenes Kind übermittelt, so wie auch Alkohol und Nikotin weitergegeben werden.« Die Gefühle einer schwangeren Frau werden durch die Art und Weise bestimmt, wie sie ihre Umwelt wahrnimmt. Dazu Bruce Lipton, Zellbiologe und Neurowissenschaftler: »Wenn die Hormone einer Mutter, die unter chronischem Stress leidet, in die Plazenta gelangen, dann wird das die Verteilung des Blutes für ihren Fötus und den Charakter der Physiologie des heranwachsenden Kindes verändern. Das kann sich sogar auf die genetische Entwicklung des ungeborenen Kindes auswirken.«[12]

Wenn zum Beispiel durch großen Stress viel Adrenalin in den Blutkreislauf der Mutter ausgeschüttet wird, fließt das Blut eher in den hinteren Teil des Gehirns, der für Kampf- oder Fluchtreaktionen zuständig ist. Das kann dazu führen, dass sich Arme und Beine des Kindes stärker entwickeln, weil es seine Umgebung als feindselig wahrnimmt und sich für Kampf oder Flucht bereit macht. Stress in dieser frühen Entwicklungsphase kann auch Dickleibigkeit und Diabetes verursachen, weil eine verstärkte Adrenalinausschüttung der Mutter die Produktion von Glukose erhöht, die dann an den Fötus weitergegeben wird.

Die frühe Kindheit wird oft als das erste Kapitel unserer Entwicklung bezeichnet und stellt eine entscheidende Phase in der Entwicklung jedes Menschen dar. Der Schweizer Entwicklungspsychologe Jean Piaget (1896 –1980) bezeichnete in seinem Entwicklungsstufenmodell das Alter zwischen zwei und sieben Jahren als »präoperationale Phase«, in der ein Kind alle Informationen aufsaugt und beginnt, Beziehungen aufzubauen. Das Gehirn des Kindes ist von der reinen Wahrnehmung bestimmt und kann deshalb auch noch keine logischen Denkprozesse ausführen. Das heißt, dass das Kind alles genau so auffasst, wie es Dinge, Worte und Verhaltensweisen wahrnimmt. Wenn das Kind in einem Gespräch hört, »Geld wächst nicht auf den Bäumen«, nimmt es das wörtlich und denkt, dass Geld nicht auf Bäumen wächst.

Das Kind vermenschlicht Objekte und teilt sie in Gut und Böse ein: »Der Ball ist böse, weil er mich verletzt hat.« Oder: »Der Stoffhund ist gut, weil er in der Nacht in meinem Bett schläft und mich beschützt.« Aus der Perspektive des Kindes ist es der Mittelpunkt der Welt, um den sich alles dreht. Alles, was das Kind erlebt und beobachtet, bezieht es auf sich selbst. Alles geschieht nur deshalb, weil das Kind etwas gemacht oder nicht gemacht hat.

Dies ist ein entscheidender Zeitraum für die Entwicklung des Kindes, weil jetzt die Persönlichkeit und ihre Beziehungen entwickelt und geformt werden. Viele unserer Ängste und Phobien haben ihren Ursprung in dieser Lebensphase.

Jeder Elternteil oder jeder Mensch, der sich um ein Kind kümmert, ist ein Vorbild. Das Kleinkind besitzt anfangs noch nicht die Fähigkeit, zwischen Gut und Böse zu unterscheiden. Für das Kind ist das Verhalten eines negativen Vorbilds typisch, sicher, akzeptabel und stellt die einzige Möglichkeit dar, um in diesem Umfeld zu überleben.

Ein kleines Kind kann gar nicht begreifen, worum es sich bei einem Streit seiner Eltern handelt. Es kann nicht rational erkennen, dass es hier nicht um eine echte Bedrohung seines Lebens und Überlebens geht. Es erlebt einen hitzigen Streit seiner geliebten Eltern mit, die seine Lebens- und Rettungsleine in dieser Existenz sind, sein »Gott«, und es fühlt sich persönlich bedroht. Wenn ein Kind dieses Verhalten wiederholt erlebt, wird es das als normal annehmen.

Ein Kind unter drei Jahren wird sehr schnell lernen, dass es normal und hinnehmbar ist, mit geliebten Menschen zu streiten. Es wird sich an den Klang der Stimmen erinnern, an den Ausdruck der Gesichter und die Energieschwingung, und wird das alles auf seiner inneren Festplatte, dem Gehirn, abspeichern, damit es jederzeit auf diese Erinnerung zugreifen kann, wenn ähnliche Umstände auftreten.

Wir alle sind gute Kinder, die nur allzu bereit sind, von den geliebten Menschen zu lernen, wie man in dieser Welt überlebt. Wir tun zwar nicht, was die Eltern sagen, sind aber Meister darin, jede Nuance ihres Verhaltens zu kopieren, wie es sich vor unseren Augen abspielt.

Bereits am Anfang dieses Kapitels habe ich erwähnt, dass es uns nicht weiterhilft, wenn wir unseren Eltern oder

Betreuern für irgendeines unserer Probleme die Schuld zuschieben. Unsere Eltern haben wirklich das Beste getan, was sie konnten und wussten, gemessen an ihren eigenen Fähigkeiten. Wenn wir sie verantwortlich machen, raubt uns das nur unsere eigene Kraft, und wir bleiben im Leid stecken.

Wir können unsere Kindheitsverletzungen heilen, wenn wir verstehen, dass sie lediglich den Ursprung unserer Probleme darstellen. Wir sind ja nicht dazu verurteilt, mit irgendeinem unserer Probleme bis ans Ende unserer Tage zu leben. Wir können die Ursprünge verstehen und sie dann lösen und loslassen, oder noch besser, sie durch ein neues Verständnis und neu entwickelte Fähigkeiten ersetzen.

Wenn wir unsere Kindheitsprobleme und uns selbst besser kennenlernen, können wir untersuchen, wie viel von unserem Leben vom Tagesbewusstsein bzw. von unserem Unterbewusstsein beherrscht wird.

Nehmen wir an, wir haben den starken bewussten Wunsch, mehr Wohlstand zu kreieren, und wir unternehmen alles, was möglich ist, um das zu erreichen. Wir arbeiten hart, bauen wichtige Beziehungen auf und setzen alles daran, erfolgreich zu sein. Gleichzeitig halten wir jedoch an unserem unterbewussten Glaubensmuster fest, dass wir es nicht verdient hätten, wohlhabend zu sein, weil unsere Eltern, als wir klein waren, reiche Leute als Snobs und als weniger gute Menschen bewertet haben.

Ein anderes unterbewusstes Szenario könnte sein, dass Reichtum für uns bedeutet, dass wir dann keine liebevolle

Beziehung haben können, weil wir vielleicht mit einer sehr erfolgreichen Mutter aufgewachsen sind, die aber keine wahre Liebe mit einem Partner finden konnte.

Es spielt keine Rolle, welches unterbewusste Glaubensmuster wir hegen – solange wir es nicht kennen, wird unser Denken einen Weg finden, unsere bewussten Bemühungen zu sabotieren und uns immer wieder zurück auf »Start« zu setzen.

Diese ursprüngliche Startlinie fühlt sich für das innere kleine Kind sicher an. Unsere Innenwelt, die aus Gedanken, Gefühlen und Überzeugungen besteht, muss verändert werden, um das gewünschte Ergebnis zu erzielen. Anders gesagt: Unser Gehirn muss trainiert werden, neue Wege zu finden, welche die Energie des »Ich werde spielend wohlhabend« oder »Ich verdiene es, wohlhabend zu sein« unterstützen. Das sind gute Nachrichten, denn es gibt eine Vielzahl von Werkzeugen, aus denen wir uns die für uns richtigen auswählen können, um das zu erreichen.

Hier ist ein schönes Beispiel dafür, wie ein unterbewusstes Glaubensmuster unser jetziges Leben beeinflussen kann, ohne dass es eine offensichtliche Verbindung zu dem Problem gibt, das uns derart hartnäckig umtreibt: Eine neue Klientin, nennen wir sie Leslie, bittet um Rat in Bezug auf einige Gesundheitsthemen. Sie ist eine junge und sehr attraktive Frau, die als Modell in der Modebranche arbeitet. Ihre Meister und Lehrer in der AC zeigen mir sofort, dass sie als Kind sexuell missbraucht worden war.

Es ist bedenklich, wie viele meiner Klienten in ihrer Kindheit eine Form sexuellen Missbrauchs erleben mussten. Diese Art von Gewalt wirkt sehr zerstörerisch auf unsere Psyche und Seele und verursacht meist eine Reihe von Störungen und Schwierigkeiten, die nur schwer zu entdecken und aufzulösen sind.

Als ich Leslie vorsichtig und achtsam über den möglichen Missbrauch informiere, berichtet sie mir, dass sie immer das ungute Gefühl gehabt hatte, ihr Stiefvater könnte sie missbraucht haben. Leslie kann sich nicht an Einzelheiten erinnern, aber erzählt, dass sogar ihr Vater eine Misshandlung vermutete und juristisch darum kämpfte, dass dieser Mann aus ihrem Leben verschwand.

Es kann uns schwerfallen, etwas zu lösen und loszulassen, woran man sich nicht bewusst erinnert – und noch schwieriger ist es zu heilen.

Leslie vertraut mir an, dass sie unter Genital-Herpes leidet. Sie weiß nicht, wo sie sich angesteckt hat, da ihr Mann, mit dem sie seit zwölf Jahren verheiratet ist, den Virus nicht hat und sie außer mit ihm keine andere Beziehung gehabt hatte. Beide sind sich sehr nahe, obwohl ihre Beziehung seit einigen Jahren rein platonisch ist. Leslie braucht Zeit, um zu akzeptieren, dass dieses Virus ihre Botschaft an alle Männer war, sie in Ruhe zu lassen und sie nie mehr anzufassen. Da sie das als Kind nicht zum Ausdruck bringen konnte, hatte sie diesen Weg gefunden, um jeden wissen zu lassen, dass sie körperlich nicht mehr zu begehren war.

Wir mussten eine Möglichkeit finden, sie wieder in ihre eigene Kraft zu bringen und die innere Stärke zurückzugewinnen, um zu anderen Menschen Nein zu sagen. Leslie war nicht mehr das hilflose kleine Mädchen. Sie ist eine besonders schöne, starke und spirituell ausgerichtete Frau, die anderen helfen möchte, sich ebenfalls mit ihrer inneren Schönheit zu verbinden. Um anderen Menschen dabei erfolgreich helfen zu können, musste sie ihre eigene Stimme zurückgewinnen und etliches »altes Gepäck« hinter sich lassen.

Dieses Beispiel demonstriert, dass unsere Probleme oft nur oberflächliche Schwierigkeiten sind, die uns jedoch zu unseren schmerzlichsten und am wenigsten verarbeiteten Erfahrungen aus unserer Kindheit zurückführen.

Es wäre gut für uns, dass wir uns wohl dabei fühlen, wenn wir tiefer in unsere Schwingungsenergie einsteigen und die Wurzelursachen unserer Probleme aufspüren. Es mag leichter scheinen, nur die Symptome zu behandeln, aber ich kann dir nur versichern, dass Probleme wie Bumerangs sind. Wenn wir sie nicht von der Wurzel her lösen, kommen sie zu uns zurück und treffen uns geradewegs an der Stirn.

Unsere Themen wirken wie Hindernisse in unserem Leben, und unsere Seele möchte, dass wir sie überwinden. Wenn wir Meister darin werden, den tieferen Sinn einer Herausforderung zu erkennen, wird der Heilungsprozess zu einer kraftgeladenen Reise, die es uns möglich macht, unsere Gaben und Talente voll zu verwirklichen. Indem wir sie teilen und aufblühen, erlauben wir unserer Seele, ihre Aufgabe in dieser Inkarnation zu erfüllen.

Ein sehr kritischer Vater zum Beispiel kann einer deiner besten Lehrer sein. Durch die ständige Kritik wird dir vermittelt, dass du nicht wertvoll und liebenswert bist und deshalb ständig kritisiert werden musst. Die Lektion kann darin bestehen, dass du lernen musst, dein Selbstwertgefühl selbst zu entdecken, ohne auf Anerkennung von außen zu warten. Wenn das für dich gilt, könnte dein neues Mantra lauten: »*Gott hat mich wertvoll erschaffen, und ich sehe mich jetzt als würdig an. Das Universum sendet mir viel Bestätigung, die meinen Selbstwert stärkt.*«

Sobald du die Lektion in deinen Problemen erkennen kannst, ermächtigt dich das, über sie hinauszuwachsen und auf der anderen Seite Freiheit zu finden.

Ein Gedanke für fortgeschrittene Leser

Die meisten Menschen leiden. Es gibt die still Leidenden, die ein Lächeln auf ihrem Gesicht bewahren und nicht möchten, dass andere etwas von ihren Problemen wissen. Sie täuschen nichts vor, sondern sie sind schüchtern, introvertiert oder einfach sehr für sich.

Dann gibt es Menschen, die leiden und alle Welt weiß darüber Bescheid. Sie weinen und jammern und stellen sicher, dass jeder Bewohner des Erdballs das Kreuz ihres Leidens sieht, das sie mit sich herum tragen.

So oder so ist der Schmerz, denn jeder einzelne Mensch empfindet, gleichermaßen real. Der einzige Unterschied liegt darin, dass die Menschen in ihren frühen Kinderjahren auf unterschiedliche Weise erlebt haben, was für sie Sicherheit bedeutet. Manche von ihnen fühlten sich sicherer, wenn sie nicht beachtet wurden, und andere brauchten ein großes Publikum, um sich geschützt und unangreifbar zu fühlen.

Welcher Typus bist du? Bist du der stille Dulder oder brüllst du wie ein Löwe? Egal, welche Beschreibung auf dich zutrifft, denke bitte daran, dass jedes Leiden echt ist und man auf liebevolle Weise damit umgehen sollte. Du verdienst es, im Frieden mit dir selbst zu sein.

Energetische Schnüre

»Sowohl Liebe wie Hass binden uns mit energetischen Schnüren.«

Unbekannt

Über Metaphysik[13] zu schreiben, kann eine ziemliche Herausforderung sein. Aber es ist mein Wunsch, dass du so viel Information wie nur möglich erhältst, um dich an deine eigene Kraft zu erinnern. Das Lexikon definiert Metaphysik als etwas sehr Abstraktes, Subtiles oder Abstruses. Manche Dinge lassen sich eben nur schwer verstehen oder annehmen, wenn es dafür noch keine physikalischen Beweise gibt.

Ich möchte in diesem Kapitel die Existenz energetischer Schnüre vorstellen. Für die Leser, die mehr auf die linke Gehirnhälfte setzen, mag das eine schwer verdauliche Pille sein. Für jene jedoch, die mehr mit ihrer rechten Gehirnhälfte arbeiten und intuitiv oder als Heiler wirken, wird es sich ganz normal anfühlen, in das esoterische Gebiet der energetischen Schnüre einzutauchen. Ich werde auf jeden Fall mein Bestes geben, dieses Kapitel so praktisch und konkret wie möglich zu halten.

Wir wollen uns um die energetischen Schnüre kümmern, die uns nicht mehr dienen, sondern uns in unerwünschten Mustern und Glaubenssätzen gefangen halten. Meist sind wir uns nicht bewusst, wie wir unsere Energie anwenden, und wir kreieren oft ungünstige Verhaltensweisen und nachteilige Verbindungen. Doch wir können unsere Energie bewusst darauf ausrichten, konfliktbeladene Verbindungen zu beseitigen, indem wir unsere Absicht darauf fokussieren.

Jeder Körper hat eine bestimmte Energiefrequenz. Diese Frequenz bzw. Schwingung ist extrem wichtig, weil unsere Energie nach dem Gesetz der Resonanz mit Menschen, Orten und Ereignissen mitschwingt, die eine ähnliche Frequenz haben. Menschen, Orte und Ereignisse kommen und bleiben nicht zusammen, es sei denn, sie haben eine ähnliche Schwingungsenergie. Spirituelle Blockaden in unserem Energiefeld hindern uns daran, in allen Bereichen unseres Lebens erfolgreich zu sein.

Alles, was in unserem Feld verschlüsselt vorhanden ist, wie leidvolle Erlebnisse, karmische Prägungen, der emotionale Schmerzkörper und Glaubensmuster, wird sich auf die Erfahrungen in unserem jetzigen Leben auswirken.

Wenn wir an jemanden denken oder uns entscheiden, mit jemandem zu sprechen, dann setzen wir unsere Intention ein, um uns mit dem Energiefeld der Person zu verbinden.

Haben wir eine unausgeglichene, kraftraubende emotionale Bindung mit diesem Menschen, verbindet sich unsere Energie mit seiner, wir verlieren Energie an ihn oder unsere Energie wirkt für ihn negativ.

Wenn diese Person sich emotional mit uns verbindet, wird sie uns denselben schlechten Dienst erweisen. Je wichtiger ein Ereignis oder eine Person für uns ist, desto stärker sind unsere energetischen Schnüre und desto länger dauern unsere Anhaftungen. Diese energetischen Schnüre zeigen sich in unserem Leben als hartnäckige Muster, Suchtverhalten, körperliche Schmerzen und manchmal sogar als körperliche Beeinträchtigungen.

Ich behandle hier nicht Wesenheiten, Besetzungen oder irgendeine andere dunkle Energie, da ich Derartiges in meiner Arbeit mit der AC noch nie erlebt habe. Dunkle Energien existieren nur dort, wo es einen fruchtbaren Boden für sie gibt. Die AC unterstützt dieses niedrig schwingende Energiefeld nicht. Doch energetische Schnüre gibt es in fast allen menschlichen Erfahrungen und sie können unser bewusstes Wachstum verhindern.

Um sich eine bildliche Vorstellung von den energetischen Schnüren zu machen, kannst du sie dir wie eine unsichtbare Nabelschnur vorstellen, die an beiden Enden mit einem Klettverschluss versehen ist. Solche Klettverschlüsse können nur dann entstehen, wenn der »Wirt« und der »Empfänger« eine bereits bestehende Verletzung haben, die zum Klettverschluss des anderen passt. Diese Schnüre können sich an deinen Rumpf heften, an den Nacken, die Schultern, die Hüfte oder die Knie, aber auch an Chakras, an den Energiekörper oder die Aura. Sie verbinden sich mit deiner Energie überall dort, wo du eine Öffnung dafür bietest.

Diese Schnüre können von anderen Menschen kommen, etwa deinen Eltern, deinem Partner, von Kindern, Arbeitskollegen oder Freunden. Sie können aus einem früheren Leben stammen wie zum Beispiel eine Kriegsverletzung, Tod durch Verbrennung, Mord oder Verrat. Unfälle, Scheidungen, Tod und jedes andere Trauma können sich zu bleibenden Schnüren entwickeln.

Ab und zu bin ich auf energetische Schnüre gestoßen, die mit einem Ort zu tun hatten, der auf die Entwicklungen meiner jeweiligen Klienten eine stark negative Wirkung ausübte. Das kann das Haus sein, in dem man aufgewachsen ist, eine Straßenkreuzung, an der ein Unglück geschah, oder die Zwillingstürme in New York, die am 11. September 2001 einstürzten.

Ein Erlebnis oder seine Wahrnehmung hinterlässt starke Spuren bei einem Menschen und kann an einem Ort Energie freisetzen. Dieser Ort wird häufig zu einem Meilenstein in der persönlichen Lebensgeschichte. Der Klient unterteilt sein Leben in die Zeit vor dieser Erfahrung und in die Zeit danach. Die Energie ist auch jetzt noch deutlich spürbar, auch wenn ihre Macht in der meist verdrängten Vergangenheit entstand.

Es ist wichtig, uns daran zu erinnern, dass diese Verbindungen nicht mehr nützlich sind – weder für denjenigen, von dem sie ausgehen, noch für den, der sie empfängt. Ungesunde Schnüre halten uns in Mustern, Ängsten und Phobien fest und sie erschaffen und unterstützen kein gesundes Bewusstsein und Wohlergehen.

Sehr oft reagieren Menschen ängstlich, wenn sie erkennen, dass es eine energetische Schnur zu einer Person gibt, die sie lieben. Ihre größte Befürchtung besteht darin, dass sie diesen Menschen verlieren und die Beziehung sich für immer auflöst. Ich durfte die wundervolle Entdeckung machen, dass echte Liebe umso stärker wird, wenn solche Schnüre erst einmal beseitigt werden. Wahre Liebe kann man nicht trennen. Liebe baut Brücken, nicht Wände oder Trennung.

Das ist eigentlich nur logisch. Wenn wir Verhaltensmuster loslassen, die uns nicht mehr dienen, werden wir bessere Menschen und lieben uns selbst mehr. Diese Stärkung von Liebe in uns führt auch zu mehr Liebe und Wohlergehen in unserem Leben. Nur Schmerz, Missverständnisse und Angst werden weniger.

Karmische Fesseln und Schnüre aus früheren Beziehungen setzen unsere Schwingung herab und verhindern, dass wir eine höherschwingende Beziehung manifestieren. Das bedeutet, dass wir höchstwahrscheinlich unsere Vergangenheit und ungelöste Themen in die neue Beziehung projizieren. Und das führt meistens zu unerwünschten Wirkungen auf unsere Umgebung und uns selbst.

Die gute Nachricht ist, dass wir alle Energieblockaden und unterbewussten Glaubensmuster auf der Quantenebene unseres Bewusstseins klären und auflösen können, um unsere Schwingung anzuheben und ein harmonischeres Leben zu erfahren.

Unsere energetischen Schnüre entdecken

Wir müssen etwas tiefer in uns hineingehen, um Schnüre zu entdecken, die uns daran hindern, durch unser Leben zu tanzen.

Tauche in Stille ein. Übertragen auf unsere Zeit bedeutet das, Fernseher, Computer, Handy und andere Geräuschquellen abzuschalten. Finde dich selbst in der Stille. Höre auf deinen Atem und werde dir deiner Ein- und Ausatmung bewusst.

Finde den Frieden in dir und frage dich:

- Beschäftige ich mich noch mit einem Gespräch oder einer Auseinandersetzung, die vor einigen Tagen stattgefunden hat?
- Bin ich wie besessen von einer Beziehung?

- Frage ich mich laufend, wie es meinem Expartner/meiner Expartnerin geht?
- Fühle ich mich von meinen Kollegen bewertet oder gemobbt?
- Bin ich nervös wegen eines bevorstehenden Ereignisses?
- Bin ich eifersüchtig, ängstlich oder fremdbestimmt?

Wenn etwas in deinem Energiefeld herumgeistert oder beharrlich in deinem Kopf kreist und dich nicht zur Ruhe kommen lässt, dann kannst du sicher davon ausgehen, dass du eine ungünstige energetische Verbindung aufgebaut hast, die einen Menschen, einen Ort oder ein Ereignis betrifft.

Anfangs kann es eine gute Übung sein, energetische Schnüre täglich abzutrennen. So bekommst du Übung darin und stellst sicher, dass du keine Schnüre übersiehst.

Denk bitte daran, dass unser Ego diese Verbindungen manchmal gar nicht verlieren will. Das Ego möchte uns gern in schädlichen Zuständen gefesselt halten. Ich bin jedoch völlig davon überzeugt, dass Leserinnen und Leser, die es bis hierher im Buch geschafft haben, ganz und gar dazu fähig sind, ihre Schnüre hier und jetzt abzuschneiden. Es wird dir dabei helfen, dich auf dein Leben und die Gegenwart zu konzentrieren und auf deiner Reise weiter voranzukommen.

Nach meiner Erfahrung ist es übrigens nicht unbedingt notwendig, genau zu wissen, woher diese Schnüre stammen oder wer noch daran beteiligt sein könnte. Worauf es wirklich ankommt, ist deine feste Absicht, diese Bindungen jetzt loszulassen.

Manche Menschen bitten Erzengel Michael, ihnen bei dieser »spirituellen Operation« zu helfen. Ich habe erfahren und gelernt, dass das Göttliche immer auf unserer Seite ist und uns bei jeder Bestrebung unterstützt, unsere Schwingung zu erhöhen. Normalerweise brauchen wir gar nicht förmlich um Unterstützung zu bitten. Wenn du dich entschließt, dich mit Erzengel Michael oder irgendeinem anderen göttlichen Lehrer zu verbinden, dann bitte ihn um eine feste Absicht und um Führung und Hilfe bei der »Genesung« nach der Trennung.

Wie man Schnüre lösen kann

Um unerwünschte energetische Schnüre aus deinem Energiefeld zu entfernen, visualisiere eine kleinere Gestalt deiner selbst, die vor deinem geistigen Auge schwebt. Fasse die feste Absicht, alle Schnüre zu entfernen, die dir nicht mehr dienen und die du loslassen willst.

Halte einen imaginären Diamantkristall in deiner Hand und beginne, die Schnüre deines Energiekörpers von dir weg zu durchtrennen, und erlaube der göttlichen Energie, sich um die getrennten Schnüre zu kümmern.

Du kannst das kleine Bild deiner selbst in der Hand halten, und nun fängst du an, die Schnüre von den Füßen an aufwärts zu durchschneiden. Du arbeitest dich langsam nach oben bis zu deinem Kopf und zum siebten Chakra.

Nimm dir Zeit. Es ist keine Eile geboten. Konzentriere dich auf deinen Atem und deine Bereitschaft, wieder ganz frei und authentisch du selbst zu sein.

Nach der Beseitigung der Schnüre kannst du deine Hände über die Aura deines kleineren Bildes vor dir gleiten lassen. Das wird dir helfen, deine Aura zu reparieren und alle Schnitte, Risse oder Öffnungen zu glätten, die durch diese Prozedur vielleicht entstanden sind.

Es wäre auch gut, wenn du die Wand deiner Aura wieder stärkst und sie gegenüber Energien von außen widerstandsfähig machst. Wenn die Aurawand repariert ist, dann lege deine Hände um sie und lass göttliches weißes Licht in sie strömen. Diese universelle Energie wird deine Aura wie einen Luftballon anfüllen und wird dir mehr Kraft, neue Inspirationen und eine verbesserte Einstellung zum Leben geben.

Jetzt bist du von co-abhängigen Energien befreit und musst deine Aufmerksamkeit weg von den Erfahrungen richten, die dazu geführt haben. Widerstehe der Versuchung, dich bei der anderen Person zu erkundigen, wie es ihr in ihrer Entwicklung geht, und versuche auch nicht, sie »in Ordnung zu bringen«, denn das würde immer wieder neue negative Verbindungen schaffen.

Erinnere dich daran, emotional ungebunden zu bleiben, wenn der Mensch am anderen Ende der energetischen Verbindung sich nach dir ausstreckt. Du kannst der anderen lebendigen Seele bedingungslose Liebe senden und die durchtrennten Schnüre dem Universum übergeben, das sich ab jetzt darum kümmert. Jeder Mensch, und auch die Person, die über die Schnüre deine Energie abgesaugt hatte, braucht Liebe und verdient es, Liebe zu erhalten, um in ihrem eigenen Leben voranzuschreiten.

Wenn du zu gähnen beginnst, müde oder etwas emotional wirst, dann weißt du, dass du einige Schnüre gelöst hast, die dir nicht mehr länger dienten. Gähnen ist ganz allgemein ein gutes Zeichen für Energielösung. Mehrere Gehirn-Scans haben gezeigt, dass Gähnen eine einzigartige neuronale Aktivität in den Gehirnarealen auslöst, die soziale Bewusstheit und Gefühle der Empathie erzeugen. Erlaube deinem Körper, alle alten Bindungen loszulassen, auch wenn die Umgangsregeln dir vermitteln möchten, dass du daran festhalten solltest.

Um es anschaulicher zu machen, welche Wirkung es für unser Leben haben kann, Energieverbindungen zu durchtrennen, möchte ich einen meiner absoluten Lieblings-»Fälle« vorstellen. Annie sagte mir in ihrer ersten Sitzung, dass sie ihr Einkommen erhöhen wollte. Sie war Bedienung in einem Lokal und hatte eine zehnjährige Tochter. Annie suchte nach einem anderen Job, um mehr zu verdienen.

Ihre AC zeigte mir immer wieder die Harry-Potter-Bücher. Anfangs beachtete ich diesen Hinweis nicht weiter, aber als er immer wieder auftauchte, fragte ich Annie, welche Beziehung sie zur Harry-Potter-Reihe hätte. »Ich schreibe nachts Bücher«, war ihre Antwort. Daraufhin explodierte die Energie fast vor so viel Begeisterung und Aufregung. Ich fragte sie, warum sie ihre Bücher denn nicht veröffentlichen würde. Sie meinte, dass sie keine gute Autorin sei und sich keiner für ihre Arbeit interessieren würde.

Ich entdeckte ein enorm starkes Energieband, das von ihrer Mutter kam und sich an Annies Herz geheftet hatte. Ihre Mutter war eine ängstliche Frau, die sehr auf Geld achtete. Sie meinte es nur gut, als sie Annie auftrug, sich doch besser auf eine solide Tätigkeit zu konzentrieren, als kreativ zu arbeiten. Sie wollte, dass Annie ein wohlhabendes Leben führen konnte, in dem Geld keine Rolle spielte. Deshalb hatte sie ihre Tochter dazu erzogen, hart zu arbeiten und alle Talente zu vernachlässigen, mit denen sie gesegnet war.

Annie wollte ein gutes kleines Mädchen sein und ihre Mutter nicht enttäuschen. Sie beherzigte den Rat ihrer Mutter und steckte in der Folge in einem Leben von Armut und Kummer fest. Ihre einzige Freude waren ihre Tochter und das Schreiben. Wir arbeiteten daran, die energetische Verbindung mit ihrer Mutter zu trennen und die Energie freizusetzen, die Annies Flügel beschnitten hatte.

Die AC sagte Annie, dass sie sich in den nächsten 48 Stunden nach einem Buchagenten umsehen sollte. Diese Botschaft wurde ihr mehr als einmal direkt und ausdrücklich übermittelt.

Ungefähr sechs Monate später erhielt ich eine E-Mail von Annie. Sie bedankte sich bei mir, dass ich so bestimmt mit ihr gesprochen und sie in die richtige Richtung gedrängt hatte (das waren Annies Worte, nicht meine). Sie hatte einen Buchagenten gefunden, der ganz begeistert von ihren Büchern war. Dieser Agent hatte eine Auktion um die Rechte an Annies Manuskripten gestartet. Annie teilte mir mit, dass ihre Tochter und sie sich nie mehr über Geld würden Sorgen machen müssen. Finanziell hatten sie ausgesorgt. Sie war auch dabei, Verfilmungsrechte zu verhandeln, und wollte mich zur Premiere ins Kino einladen. Ich war sehr froh für sie und selbst sehr beeindruckt von der Wirksamkeit, Energieschnüre zu zerschneiden.

Sobald Annie alle elterlichen Beschränkungen abgelegt hatte, war sie frei, ihre eigenen Fähigkeiten und Talente zum Leben zu erwecken. Sie ermächtigte sich selbst und das Universum belohnte sie umgehend.

Das Akasha-Feld

»Man kann die Akasha-Chronik
mit einem Supercomputersystem des Universums vergleichen.
Dieses System enthält als Zentralspeicher alle Informationen
für jedes einzelne Individuum, das je auf der Erde gelebt hat.«

Unbekannt

Ich möchte die ungeheuer große Welt unseres ewigen Energiefeldes vorstellen. Wenn wir besser verstehen, wie bestimmte Energiefelder uns beeinflussen, dann können wir klügere Entscheidungen für unsere Heilung und für uns selbst treffen. Um wirklich ermächtigt zu sein, müssen wir begreifen, wie leicht wir von äußeren Umständen beeinflusst werden und wie wir diese Energiefelder zu unserem Vorteil nutzen können.

Vor ungefähr fünfzehn Jahren stellte ich fest, dass es bei meinen Klientinnen einen Trend gab, sich scheiden lassen zu wollen, weil sie sich nach einer spirituelleren Partnerschaft sehnten. Seit damals hat sich dieser Trend stark verringert, da Frauen heute offenbar mehr Frieden in sich selbst gefunden haben, und das hat günstige Auswirkungen für ihre Partnerschaft. Viele von ihnen haben sich spirituellen Gruppen angeschlossen, um ein Gemeinschaftsgefühl in ihrem Leben zu erfahren oder weil sie erkannt haben, dass Spiritualität sich auch in anderen Formen als in Meditation oder dem Studium des Gesetzes der Anziehung ausdrücken kann.

Ich habe inzwischen eine weitere Interessensverschiebung beobachtet: In meiner Arbeit stelle ich fest, dass die Menschen heute viel eher ihre persönliche Definition von Erfolg und Glück finden wollen, statt es von Geld abhängig zu machen.

Versteh mich bitte nicht falsch: Geld ist immer noch wichtig, aber heute scheint es mehr das Vehikel zu sein, mit dem man Lebensfreude gewinnt, und nicht mehr die Freude selbst. Die Menschen streben jetzt danach, ihren Lebenssinn zu entdecken und zu verwirklichen und ein glückliches und gutes Leben zu führen. Mir scheint, dass sich diese Veränderungen kollektiv auf der ganzen Welt ereignen und keine Einzelfälle sind.

Beobachtungen wie diese zeigen mir erneut, dass wir alle auf gewisse Weise miteinander verbunden sind und dass zwischen uns eine Kommunikation stattfindet, derer wir uns nicht unbedingt bewusst sind. Es gibt ein unsichtbares Energiefeld, das unbegrenzte Informationen enthält und in dem alles mit allem zusammenhängt.

Gregg Braden, der Autor von »Awakening the Power of a Modern God«, sagt über dieses Energiefeld, das die gesamte Schöpfung durchdringt:

»Zwischen 1993 und 2000 haben Wissenschaftler die Existenz eines Energiefeldes dokumentiert, das sie auf dreierlei Weise beschreiben.

1. Das Feld ist jederzeit überall.
2. Das Feld besteht seit Anbeginn, was wir in der Physik den Urknall nennen.
3. Das Feld besitzt Intelligenz und es reagiert auf ganz bestimmte Eigenschaften menschlicher Emotionen.

Dieses Feld wird inzwischen als ein Leiter betrachtet. Es trägt alles, was wir in uns bewahren, in die Welt außerhalb unseres Körpers hinaus. Die Wissenschaft hat sich noch nicht auf einen einheitlichen Namen für dieses Feld geeinigt. Manche nennen es Matrix, Einheitsfeld, holografisches Feld, morphisches Feld oder A-Feld.«

Ervin Laszlo bezeichnet in seinem Buch »Science and the Akashic Field: An Integral Theory of Everything«[14] ein Informationsfeld als Substanz des Kosmos. Mit dem aus dem Sanskrit stammenden Wort für »Raum« bezeichnet er dieses Feld »Akasha-Feld« oder »A-Feld«. Laszlo sieht im Akasha-Feld das grundlegende Feld, das Energie und Information enthält und nicht nur das gegenwärtige Universum »informiert«, sondern auch alle früheren und zukünftigen Universen. Er glaubt auch, dass dieses Informationsfeld erklären kann, warum die Evolution ein informierter und organisierter Prozess ist und kein zufälliges Chaos.

Das Akasha-Feld wird auch als ein bewusstes Meer kollektiver und individueller Erinnerungen beschrieben, aus dem alles andere entsteht – Atome, Teilchen, Sterne, Planeten, Galaxien und menschliche Erfahrungen. Man kann dieses Feld als den Anfang oder den Ursprung aller Dinge betrachten, die in Zeit und Raum existieren.

Der britische Biologe Rupert Sheldrake, der für seine Hypothese morphischer bzw. morphogenetischer Felder bekannt ist, berichtet über eine zweimonatige Studie, mit der 1993 untersucht wurde, ob eine Gruppe von Menschen, die transzendentale Meditation ausübten, die Kriminalitätsrate in Washington (DC) senken könnte. Die Anzahl an Verbrechen ging in dieser Zeit um erstaunliche 48 Prozent zurück.

Man bringt fokussierte Meditationen auch mit einer Verringerung zerstörerischer Hurrikane in Verbindung. Wie ist das möglich? Wie kann etwas so Schlichtes wie Meditation die Kriminalitätsrate, gewaltige Stürme oder die Gesundheit eines geliebten Menschen beeinflussen?

Diese »Wunder« sind möglich, weil die Absicht hinter der Meditation auf das Energiefeld einwirkt, in dem Kriminalität, Stürme oder Krankheiten stattfinden. Katastrophen entstehen üblicherweise durch den Aufbau und die Ballung chaotischer und gestresster Energien. Meditation bzw. die achtsame Erzeugung eines gesunden Energiefeldes kann diese Stressfaktoren neutralisieren und kohärente Wellen erzeugen, bei denen es weniger wahrscheinlich ist, dass sie sich in unerwünschten Ereignissen manifestieren.

Das Wort »morphisch« kommt aus dem Griechischen und bedeutet, etwas zu formen bzw. etwas eine Gestalt zu geben. Das morphische Feld dient dazu, Energie eine Form bzw. Gestalt zu geben und zu organisieren. Diese Energie kommt auf vielfältige Weise zum Einsatz. Man kann sie nutzen, um etwas zu erwärmen, um Licht auf etwas zu richten oder zu erlauben, dass sich etwas verwandelt bzw. eine Metamorphose erfährt. Diese Energie ist jedoch nicht unabhängig; sie kann nichts aus sich selbst heraus bilden. Sie braucht eine spezifische Intention, um sich zu manifestieren oder um genutzt zu werden.

Wir alle leben in diesen Feldern, ob uns das nun bewusst ist oder nicht. Unser Leben ist voller Felder, die Signale und Informationen von Radios, Telefonen, Fernsehern, Lichtern und so fort aussenden. Bekanntlich gibt es auch ein Magnetfeld, welches angibt, wo Norden und wo Süden ist.

Es gibt ein Feld der Schwerkraft. Dieses Feld beeinflusst jedes Objekt im Universum, das Masse besitzt und eine Gravitationskraft auf jede andere Masse ausübt.

Morphogenetische Felder deuten darauf hin, dass lebendige Organismen wie Pflanzen, Tiere oder Menschen durch die Energie der Felder gebildet werden. Das ist die Erklärung, warum Pflanzen aus Samen entstehen und warum sich ein Embryo zu einem Lebewesen entwickelt. Die letztendliche Gestalt ist im Samenkorn oder im Ei nicht zu finden – beide haben meist nur eine sehr geringe Komplexität. Der Same enthält keine Miniaturversion des Baums. Die Intelligenz bzw. Information, die das Samenkorn anregt, zu einem Baum heranzuwachsen, stammt höchstwahrscheinlich aus dem Energiefeld, in dem sich der Same befindet.

Dasselbe Feld ist auch dafür verantwortlich, dass Entdeckungen zeitgleich an verschiedenen Orten der Erde gemacht werden. Man könnte von einer globalen telepathischen Kommunikation sprechen. Es gibt zahlreiche Beispiele in der Menschheitsgeschichte, wonach rund um den Globus zur selben Zeit Personen dieselben Entdeckungen und Erfindungen praktisch gleichzeitig gemacht haben, ohne etwas voneinander zu wissen.

Das Rad wurde während der Bronzezeit in verschiedenen Regionen der Erde erfunden. Man geht davon aus, dass die Information in einem Energiefeld vorhanden war und sie sich in unterschiedlichen Kulturen simultan manifestiert hat, obwohl diese Kulturen nichts von der Existenz der anderen Kulturen wussten.

Es ist offensichtlich, dass es ein kollektives Feld von Gedanken und Glaubensmustern gibt, das stark zu dem beiträgt, was möglich ist. Telepathie ist schließlich nichts anderes als die Übermittlung von Information von einer Gruppe oder Person zu einer anderen, ohne die bisher bekannten sensorischen Übertragungskanäle und ohne eine physikalisch bisher messbare und nachweisbare Interaktion.

Sheldrake ist überzeugt, dass die morphische Resonanz auch zu einer neuen Auffassung über die Speicherung von Erinnerungen und die biologische Vererbung führen wird. Erinnerungen werden demnach nicht unbedingt im Gehirn gespeichert, sondern vielmehr im Feld – und deshalb sind sie universell zugänglich.

Auch liegt die biologische Vererbung nicht zwangsläufig in den Genen. Ein Großteil dieses Erbes hängt von der morphischen Resonanz früherer Mitglieder einer Spezies ab. Auf diese Weise erben die Individuen ein kollektives Gedächtnis ihrer Vorfahren. Dieses Phänomen trägt auch zum kollektiven Gedächtnis bei, das alle Mitglieder einer Spezies in der Gegenwart und in der Zukunft beeinflusst und das für sie zugänglich ist.

In meiner Arbeit mit der AC nenne ich diese Erinnerungen »die genetische Erblinie«. Denn es sind Muster, die von Generation zu Generation weitervererbt werden und die nur schwer zu entdecken und mühsam auszulösen sind.

Unsere Energie reicht sehr viel weiter, als wir mit unserer mentalen und physischen Wahrnehmung erkennen können.

In den letzten 25 Jahren hat die Wissenschaft gezeigt, dass wir Teil eines ausgeklügelten, vernetzten und voneinander abhängigen Meeres aus Energie sind, das man auch das »vereinheitlichte Feld« nennt. Alles, was wir in diesem Feld tun, wirkt sich auf alles andere aus. Genau wie die vielen Kommunikationsgeräte, die in einem Netzwerk mit ihren Frequenzen unsere Umgebung durchdringen, senden und empfangen auch wir Schwingungen, die eine Wirkung auf die Welt ausüben. Sogar ein einzelner Gedanke oder ein Gefühl kann unendliche kleine Wellen in diesem weiten Meer von Energie auslösen und besitzt deshalb eine Wirkung auf das gesamte Energiefeld.

Viele Wissenschaftler sprechen heute von diesem Feld und forschen, um mehr Beweise für seine Existenz zu erbringen. Ich persönlich habe erfahren und gelernt, dass dieses Feld viel lebendiger und interaktiver ist, als man allgemein annimmt. Es ist von Liebe und Fürsorge erfüllt, die wir als menschliche Wesen spüren können, und wir können durch unsere Intention mit ihm kommunizieren. Das Feld besitzt Intelligenz und es kümmert sich um unsere Erfahrungen und unsere Existenz. Es reagiert auch auf unsere Gedanken, Gefühle, Worte und Handlungen und es spiegelt uns unsere eigene Energie und Glaubenssätze wider.

Das ist auch der Grund, warum wir die Kraft haben, uns selbst zu heilen und ein viel besseres und erfüllteres Leben zu erschaffen – wenn wir das zu unserer Absicht machen. Wir heilen, indem wir in ein Feld höherer Schwingung gehen. Wir verändern unsere Frequenz, und das erlaubt es uns, andere Signale und Botschaften zu empfangen und neue Ergebnisse zu kreieren. Als willkommene Nebenwirkung werden wir zugleich die Frequenz des ganzen Planeten anheben.

TEIL III

Warum sollten wir uns verändern?

Den richtigen Grund zur Veränderung finden

»Am Anfang ist Veränderung schwierig, danach wird sie chaotisch, und am Schluss ist sie fantastisch.«

ROBIN SHARMA

Der Grund für die Veränderung unseres Lebens kann der entscheidende Faktor für Erfolg oder Misserfolg sein. Wir alle kennen das. Wir wollen mehr Sport treiben. Wir möchten gern aufhören zu rauchen. Wir nehmen uns vor, gesünder zu essen oder eine sinnvollere Arbeit zu suchen. Manchmal wissen wir auch einfach nur, dass wir etwas anderes möchten, ohne ganz sicher zu sein, was uns mehr erfüllen würde. Das Alte fühlt sich nicht mehr gut an, und das Neue ist noch zu weit entfernt, um deutlich sichtbar und dadurch greifbar zu sein. Obwohl wir die besten Absichten haben, kämpfen wir oft damit, unsere äußeren Umstände erfolgreich zu verändern. Unsere Seele erlebt dabei so etwas wie eine dunkle Nacht.

Ich frage mich oft selbst, was uns wirklich dazu bewegt, die Veränderung in unserem Leben vorzunehmen, die wir wünschen. Für manche Menschen ist es vielleicht eine Notwendigkeit, weil sie eine lebensbedrohliche Diagnose erhalten haben. Solche Nachrichten bedrücken unser Herz und verschieben häufig den Wert, den wir bestimmten Dingen im Leben zumessen. Daraus entstehen eine andere Sichtweise und ein wacheres Bewusstsein.

Abgesehen von solchen Fällen entsteht das Verlangen nach Veränderung bei den meisten von uns aber aus einer inneren Ruhelosigkeit. Ein nicht objektiv messbares Signal lässt uns wissen, dass sich irgendetwas einfach nicht mehr gut oder stimmig anfühlt.

Manche von uns sind sensibel genug, diese Signale frühzeitig zu erkennen und darauf einzugehen. Sie passen ihren Lebensweg immer wieder einmal an und bleiben in einem gesunden Gleichgewicht, wobei sie spüren, dass das Leben gut ist. Die meisten Menschen übersehen jedoch diese frühen Signale und schwelgen in Zerstreuungen in der Hoffnung, dass der innere Ruf schon verstummen wird. Dieser innere Ruf ist aber wie ein Loch im Dach. Es verschwindet nicht wieder von allein und repariert sich auch nicht von selbst. Wenn man sich um dieses Loch im Dach nicht kümmert, wird es immer größer, bis irgendwann das ganze Haus unter Wasser steht.

Dieser innere Ruf kann aus einer höheren Dimension zu uns kommen. Er ertönt, um unsere Aufmerksamkeit zu erlangen, uns aufzuwecken, uns neu auszurichten bzw. um uns besser auf unseren wahren Lebenszweck auszurichten. In diesem Sinn ist er unser bester Freund, der immer ehrlich mit uns kommuniziert, ob wir nun zuhören oder nicht.

Ich habe einen gemeinsamen Nenner für den Wunsch nach Veränderung entdeckt. Dieser gemeinsame Nenner scheint die Antriebskraft zu sein, um Transformation tatkräftig zu gestalten. Es ist der göttliche Ruf, vom bloßen Überleben zum Aufblühen und Gedeihen zu kommen. Alles, was sich auf das Überleben bezieht, schwingt mit der Frequenz von Angst. Gedeihen ist dagegen auf die Energie von Liebe eingestellt. Unser innerstes Wesen ist von einem riesigen Verlangen erfüllt, von einer Existenz, die auf Furcht basiert, zu einem Leben zu gelangen, das auf Liebe beruht. Das Endergebnis sieht für jeden Menschen individuell ganz anders aus, aber die Reise dorthin ist dieselbe. Unsere innere Energie lädt uns ein, vorwärtszugehen in die »Eine wahre Liebe«.

Welche Muster wollen wir verändern?

Vielleicht denkst du, dass das doch ganz offensichtlich ist. Möglicherweise siehst du nicht wie ein Supermodel aus und würdest gern einige Pfunde verlieren. Oder du hast als Teenager mit dem Rauchen angefangen und weißt jetzt nicht, wie du diese gemeine Gewohnheit wieder stoppen kannst. Dir ist klar, was an deinem Leben nicht passt, und du suchst nach der magischen Metamorphose.

Oft müssen wir allerdings ein Verhalten ändern, das wir gar nicht als schädlich betrachten. Dahinter kann häufig ein sehr weit verbreitetes Thema stecken, nämlich Eigensabotage. Andere Themen können ein Gefühl der Wertlosigkeit sein, der Selbstverneinung bzw. Selbstverachtung, Wut, nicht vergeben können, Scham, Missgunst oder Groll. Das sind alles Energiemuster mit einer sehr niedrigen Schwingung, die unserer Gesundheit, unseren Beziehungen und unserem Wohlergehen ernsthaft schaden können.

Wie schon im ersten Teil dieses Buches erläutert, gibt es eine Menge unterschiedlicher möglicher Ursachen für solcherlei Emotionen, zum Beispiel frühere Leben, Erfahrungen als Kleinkind oder die Energien anderer Leute, die uns in die Quere kommen können. Leider sind wir uns oft gar nicht bewusst, in welch hohem Maße unsere Gefühle und eingespielten Verhaltensmuster unsere Lebensdauer beeinflussen.

Ein Beispiel dafür ist meine Klientin Claudia, die einen Vater hatte, der sehr übergriffig war. Vom Verstand her wusste Claudia, dass ihre Kindheit von missbräuchlichem Verhalten geprägt war, doch sie konnte sich emotional nicht von den verletzenden Übergriffen lösen. Claudia verzieh ihrem Vater und liebte ihn sehr. Doch trotz der Vergebungsarbeit, die sie geleistet hatte, fuhr Claudia mit dem Verhaltensmuster von Übergriffigkeit bzw. »Missbrauch« fort, indem sie so viel in sich hineinstopfte, dass sie zu einer XXL-Frau wurde.

»Ich dachte nicht, dass das so schlimm gewesen wäre. Ich dachte, alle Väter wären so. Ich dachte, das ist normal«, sagte sie mir immer wieder. Ich versuchte ihr zu erklären, dass »normal« nicht gleich »gesund« ist, und bat sie, einen Stuhl zu nehmen und durch den Raum zu tragen. Nach kurzer Zeit sagte sie: »Das wird ziemlich schwer.« Ich bat sie, den Stuhl doch noch ein bisschen länger im Raum herumzutragen, so lange es ihr möglich war. Nach ein paar Minuten fragte ich Claudia, wie sie sich fühlte, und sie antwortete, dass sie sich an das Gefühl gewöhnt hätte. Sie hatte eine halbwegs bequeme Körperhaltung gefunden, um den Stuhl zu tragen. Nach einer weiteren Minute bat ich sie, den Stuhl wieder abzustellen. Claudia lächelte und sagte, dass sie sich sehr erleichtert fühlte.

Wir gewöhnen uns an ungute Umstände und meinen dann häufig, dass unsere Umstände »normal« seien. Sobald wir uns jedoch des störenden Gewichts bewusst werden, das wir mit uns herumschleppen, und es abstellen können, fühlen wir uns erleichtert.

Claudia realisierte in diesem Augenblick, dass sie den Begriff »normal« aus ihrem Wortschatz streichen und durch »gesund«, »stimmig« oder »förderlich« ersetzen musste. Sie musste erst einmal Gewicht verlieren, aber um diese schwere Bürde abzulegen, musste sie aufhören, sich selbst ebenso übergriffig zu verhalten, wie es ihr Vater getan hatte. Sie musste lernen, mit sich selbst in Liebe umzugehen, sich voller Mitgefühl und Achtung zu behandeln, um wieder ganz zu werden.

Ein anderer Klient war in einer Beziehung, die er verzweifelt zu beenden versuchte. Ben wiederholte ständig, dass er sie loslassen wollte. Dann würde er endlich glücklich sein. Mir wurde sehr schnell klar, dass sein Problem nicht so sehr mit seiner Partnerin zu tun hatte als vielmehr mit seiner Unkenntnis, wie er loslassen könnte. Ben war sehr emotional und bekümmert. Ich forderte ihn auf, einen Stift von meinem Schreibtisch in die Hand zu nehmen. Dann bat ich ihn, diesen Stift zu beschreiben und wie er sich in seiner Hand anfühlte. Ich wollte sehen, wie schnell er an etwas anhaften würde. Nachdem Ben mir den Stift beschrieben hatte, forderte ich ihn auf, den Stift auf den Boden fallen zu lassen. Das konnte er nicht. Ich sagte ihm, dass er dabei nichts beschädigen würde. Der Fußboden war aus solidem Holz, und der Stift hatte keinen großen Wert. Es gab kein Risiko. Ben konnte den Stift trotzdem nicht loslassen.

In diesem Moment erkannte er, dass er Dinge nicht loslassen konnte, weil er selbst auch nicht losgelassen werden wollte. Seine Angst, allein gelassen bzw. verlassen zu werden, bewegte ihn, an allem festzuhalten, auch wenn das für ihn nicht mehr gut oder gesund war.

Ben musste sich in dieser Welt sicher und beschützt fühlen und daran denken, dass er immer geliebt wird. Er musste auch nach innen schauen und bedingungslose Liebe für seine Partnerin entdecken. Wenn er dann lernen würde, aus Liebe in einer Beziehung zu sein und nicht aus Angst vor Einsamkeit, dann würde er auch eine Chance haben, mit seiner Partnerin wieder glücklich zu werden.

Wer Angst hat, verlassen zu werden, wird kaum je glücklich in seiner Beziehung sein, weil er nicht aus Liebe bei seinem Partner bleibt. Aus Angst, allein und einsam zu sein, wird dieser Mensch alles Mögliche tun, um genau das zu verhindern.

Damals realisierte Ben etwas, was er nie zuvor bedacht hatte. Er rauchte, weil er sich dann geliebt fühlte. Bei seinen Zigaretten hatte er seine höchste Form von Freundschaft gefunden, etwas bzw. »jemanden«, das ihn zwar vielleicht eines Tages töten würde, aber ihn bis dahin niemals allein ließ.

Es spielt keine Rolle, ob wir mit dem Muster, das wir verändern möchten, vertraut sind oder eher nur einen inneren Impuls spüren, dass irgendetwas nicht mehr so recht stimmt. So oder so wird unser verzerrtes Gefühl uns zu dem emotionalen Thema führen, das unser inneres Wesen in unseren Fokus rücken möchte. Das ist wie ein Hausputz. Du fängst in einer Ecke an, und plötzlich stößt du auf all den Staub, der sich hinter Türen, in Körben oder auf Teppichen angesammelt hat, was dir vorher gar nicht aufgefallen war. Egal, was dich an der Oberfläche stört: Es wird dich zu dem Gefühl oder dem Verhaltensmuster führen, das bereit ist, verändert zu werden. Fang an, an dem zu arbeiten, was dir schon in den Sinn gekommen ist, und betrachte es als liebevollen »Gesprächspartner«, der dir etwas mitteilen will.

Möglicherweise erscheinen dir die Geschichten von Claudia und Ben vernunftwidrig. Es fällt uns oft leicht, andere zu bewerten und uns zu wundern, warum sie ihre Themen nicht schon längst gelöst haben. Doch das, was wir zu unserer persönlichen Heilung nutzen, muss nicht unbedingt für andere passen. Wir alle sind einzigartige Wesen, und hinzukommt, dass wir jeweils an ganz unterschiedlichen Etappen unserer Reise stehen. Wir können und sollten uns nicht mit anderen Menschen vergleichen und ein und denselben Maßstab für alle anlegen.

Es sollte dir nur darauf ankommen, wie sich etwas für dich anfühlt. Richte dich nur auf deine eigene Entwicklung und deinen Fortschritt aus. Das ist deine Eintrittskarte für ein besseres Leben.

Welches Signal lösen unsere unerwünschten Muster aus?

Damit wir unsere Veränderungen zu einem dauerhaften Erfolg führen, müssen wir nicht nur unsere Gewohnheiten zum Positiven verändern, sondern uns auch all die verborgenen Signale bewusst machen, die unsere bisherigen Verhaltensmuster auslösen.

Solche Signale, die man auch »Stichworte« nennen könnte, sind spezielle Ereignisse in unserem Umfeld. Sie lösen eine bestimmte Handlung aus, die nach bekannten Verhaltensweisen oder Mustern abläuft. Am Ende steht meist irgendeine Art von Belohnung.

Diese Belohnung ist der eigentliche Grund, warum die Gewohnheit überhaupt entstanden ist. Wenn die Belohnung uns befriedigt, dann entscheidet das Gehirn, dieses Muster für die Zukunft zu speichern. Mit anderen Worten: Werden ein Signal (Stichwort) und eine Belohnung neurologisch miteinander verknüpft, entsteht ein Verlangen, das unser Unterbewusstsein dazu antreibt, zu viel zu essen, zu rauchen, zu viel Alkohol zu trinken oder irgendeine andere ungünstige Verhaltensweise zu entwickeln.

Die meiste Zeit sind uns diese Stichworte überhaupt nicht bewusst, was bedeutet, dass wir stark auf diese Reize reagieren und schnell ein bestimmtes Verhalten an den Tag legen.

Die Wahrnehmung einer Situation löst bei uns eine bestimmte Reaktion aus. Es ist also nicht die Situation an sich oder das Gefühl, das ein Problem verursacht, sondern vielmehr unsere Wahrnehmung, welche die Schwierigkeiten erst schafft.

Wann immer wir nicht verstehen, was eigentlich hinter einem bestimmten Verhalten steckt, laufen wir Gefahr, eher zu unserem Nachteil zu handeln. Der Mangel an emotionalem und mentalem Verständnis dafür, wer wir wirklich sind und wer wir sein möchten, führt dazu, dass wir uns gestresst fühlen und unglücklich sind.

Unbekannte Auslöser können unterschiedlichste Reaktionen auslösen.

- Ein unkontrolliertes Verhalten ist das Resultat eines Auslösers, der uns wütend macht, oft angefeuert von negativen Selbstgesprächen. Wir rasten aus, schreien herum und werfen mit Gegenständen um uns.

- Ruhiger und passiver läuft es ab, wenn jemand so tut, als ob er die andere Person nicht hört und mit Schweigen reagiert. Während der Sprecher denkt, dass er unkontrolliert alles sagt, was er denkt und loswerden will, ignoriert die andere Person dieses laute Verhalten und bestraft es durch Schweigen.
- Eine dritte Reaktion besteht darin, einfach »zuzumachen«, wenn ein anderer versucht, ein Gespräch anzufangen. Diese Menschen sind im Allgemeinen depressiv und werten sich selbst ab durch Gedanken wie: »Ich bin zu nichts nutze. Ich mache nie etwas richtig. Ich brauche es gar nicht mehr noch einmal zu versuchen.«

Versuchen wir, einige der häufigsten Signale und Stichworte festzustellen, welche diese unterbewussten Verhaltensmuster auslösen. Bitte denk daran, dass Signale sehr subtil, aber auch mächtig sein können. Sie können schwierig zu erkennen sein, aber friedliche Menschen in den »unglaublichen Hulk«[15] verwandeln.

Zeit

Zeit ist vielleicht der häufigste Auslöser für unser Verhalten. Zeit bestimmt unseren Tagesablauf und hilft uns, vieles zu erledigen, während unsere Aufmerksamkeit auf Autopilot geschaltet ist. Wir stehen morgens auf und folgen dabei einer vertrauten Routine. Wir fahren dieselbe Strecke zur Arbeit, essen mittags an denselben Orten und oft sitzen wir in der Cafeteria sogar am selben Platz.

Viele Dinge, wie wir tagein, tagaus machen, beruhen mehr auf Gewohnheiten als auf immer neuen Entscheidungen. Irgendwann haben wir zum ersten Mal eine Wahl getroffen, aber sie wurde zu einer Gewohnheit. Doch wir sollten uns immer wieder fragen, ob eine Gewohnheit uns heute noch nutzt.

Würden wir gern eine jüngere Ausgabe von uns selbst um Rat fragen, wie wir unser heutiges Leben gestalten sollten? Ich finde, es war vor zehn oder fünfzehn Jahren wundervoll, aber ich würde von meinem jüngeren Selbst keinen Rat annehmen, wie ich heute leben oder meine Zukunft morgen gestalten sollte. Aber genau dies tun wir leider durch unser Festhalten an alten Gewohnheiten. Wir erlauben einer vor Jahren getroffenen Entscheidung, unsere gegenwärtige und zukünftige Entwicklung zu beherrschen.

Signale der Zeit können sich auch bei besonderen Ereignissen bemerkbar machen, etwa bei Geburtstagen, an Feiertagen und an Weihnachten. Viele Menschen lieben Weihnachten und freuen sich auf eine fröhliche Zeit. Bei anderen Menschen steigen schmerzliche Erinnerungen auf. Sie denken an schwere Zeiten, die sie erlebt haben, oder an geliebte Menschen, die sie verloren haben. Weihnachten kann für sie zum Albtraum werden.

Auch der Valentinstag kann Trauer, Einsamkeit und Verzweiflung auslösen. Das hat nun wirklich gar nichts mit dem Datum des 14. Februars an sich zu tun, sondern vielmehr mit der Wahrnehmung des »Tags der Liebenden«. An diesem Tag sind Lebensberater, Therapeuten und Scheidungsanwälte häufig ausgebucht, weil dieses Datum bei vielen Menschen Prozesse in ihrem Schmerzkörper auslöst, da sie sich von ihrem Partner nicht wertgeschätzt fühlen. Dieser Tag fördert alle Nachteile und Verletzungen nach oben, die sie jemals in ihren persönlichen Beziehungen erlebt haben.

Versuche, bewusst darauf zu achten, wie und wann Zeit bei dir ein bestimmtes Verhalten auslöst und dein Wohlbefinden beeinflusst. Wenn du zum Beispiel nachmittags immer eine kleine Süßigkeit brauchst, dann kann es um mehr als nur das Verlangen nach etwas Süßem gehen. Höchstwahrscheinlich liegt hinter dem süßen Snack gerade am Nachmittag ein anderes Muster, das sich auf ein emotionales Thema bezieht.

Brauchst du vielleicht Gesellschaft? Oder überdeckst du eine Depression, weil du einfach nicht viel mit der Arbeit anfangen kannst, die du jeden Tag machst, oder weil du dich in deinem Job wie gefangen fühlst? Bietet die Süßigkeit dir eine Art von Ventil, um den Druck abzulassen, den du bei der Arbeit spürst?

Sobald wir erkennen, dass Zeit ein bestimmtes Verhalten auslösen kann, können wir beginnen, das Muster dahinter zu entdecken. Sehr selten sind die Süßigkeiten schuld.

Orte

Auch Orte können Verhaltensmuster auslösen. Wir gehen in die Kirche, um uns mit unserem Schöpfer zu verbinden, oder fahren ins Disneyland, um Spaß zu haben und vom Alltag abzuschalten. Manche Orte sind so geplant, dass sie eine ganz bestimmte Energie erzeugen.

Zudem ordnen wir besonderen Orten gewisse Emotionen und Verhaltensweisen zu, zum Beispiel unserem Zuhause oder dem Arbeitsplatz. Das bedeutet, dass wir allen Plätzen und Orten, mit denen wir derzeit gut vertraut sind, Verhaltensmuster und Routinen zugeordnet haben, nach denen wir uns dort auf die immer gleiche Art und Weise verhalten.

Unser Elternhaus ist ein weiterer Ort, dessen Signale bestimmte Verhaltensweisen auslösen können. Manche Menschen schlüpfen wieder in die »Kind-Energie«, wenn sie in ihr Elternhaus zurückkehren. Dieser Ort löst die Energiedynamik unserer Kindheit aus, die in unser Unterbewusstsein eingeprägt ist.

Die Wirtschaft macht sich seit Langem solche Verhaltensmuster zunutze. Waren werden nach dem Prinzip der »Choice-Architecture« präsentiert, was einfach ein hochgestochener Marketing-Begriff dafür ist, wie Waren angeboten werden. Wir werden dazu verleitet, Produkte zu kaufen, die wir nicht wirklich brauchen oder wollen, indem die Waren auf verlockende Weise ausgestellt werden.

Wusstest du, dass die meisten Kunden sich automatisch erst einmal nach rechts wenden, wenn sie in einen Laden gehen? Deshalb platzieren viele Läden besonders verlockende Produkte, zum Beispiel zubereitete und verpackte Imbisse oder ein Café, an dieser Stelle. Die »Choice-Architecture« ist so angelegt, dass wir uns für Produkte interessieren, die wir sonst gar nicht entdecken oder nicht ohne Weiteres aussuchen würden. Wenn wir uns an die Warenpräsentation, die Kundenführung, die Inhalte in den Regalen und an vergangene Einkäufe gewöhnt haben, kaufen wir bestimmte Waren nur aufgrund dieses eingeprägten Musters, nicht aus freier und immer wieder neuer Entscheidung.

Ich hatte selbst einen Auslöser, der »Starbucks« hieß. Ich konnte dem nicht widerstehen. Ich musste einfach eine heiße Schokolade mit Sojamilch haben, sobald ich das grüne Zeichen irgendwo am Horizont leuchten sah. Dieses Muster war mir sehr bewusst, und ich nahm mir ganz fest vor, es zu verändern. Das war leider gar nicht so einfach, wie ich dachte. Ich versuchte es mehrere Male und fiel immer wieder zurück. Irgendetwas zog mich an diesen Ort, an dem die Leute mich beim Namen kannten und mich mit einem Lächeln begrüßten. Schließlich entschied ich mich, mein bisheriges Getränk durch eines zu ersetzen, das weniger Zucker enthielt. Ich wechselte von heißer Schokolade zu Pfefferminztee. Ich ging immer noch zu »Starbucks«, aber ich hatte mir vorgenommen, 28-mal heißen Pfefferminztee zu bestellen, bevor ich dort wieder heiße Schokolade trinken würde. Diese Strategie funktionierte endlich. Mein Muster wurde durchbrochen, lange bevor ich auch nur in die Nähe von 28 heißen Pfefferminztees kam. Ich verlor mein Interesse an der alten Gewohnheit, indem ich sie durch etwas Gesundes ersetzte.

Die heiße Schokolade und die »Starbucks«-Atmosphäre hatten mir das Gefühl vermittelt, »dazuzugehören« und mich wie zu Hause zu fühlen. Mein Suchtverhalten hatte sich während meiner Scheidung entwickelt. Diese Tagesroutine bei »Starbucks« gab mir das Gefühl, dass mich jemand morgens freundlich begrüßte, wenn sonst keiner da war. Diesen guten Zweck hatte das Muster ja auch erfüllt. Glücklicherweise ersetzte ich das Zuckergetränk, und ich fand einen liebevollen Partner, der mich morgens immer mit einem großen Lächeln in seinem Gesicht begrüßt.

Es kann enorm hilfreich sein, dass wir alle Auslöser überwinden bzw. auflösen, die unser Gehirn mit bestimmten Orten, Wohnungen oder Läden verknüpft. So können wir die an diese Orte gebundenen unerwünschten Verhaltensmuster ablegen.

Frühere Erlebnisse

Der Großteil unseres reaktiven unbewussten Verhaltens wird durch frühere Ereignisse ausgelöst. Wir reagieren auf etwas, das früher einmal in unserem Leben geschehen ist, anstatt direkt auf das, was jetzt passiert. In diesem Sinne sind wir alle wie hypnotisiert durch alte Programmierungen. Vielleicht fangen wir nicht wie ein Hund an zu bellen, wenn das Telefon klingelt, und tanzen auch nicht Merengue, wenn uns jemand ein bestimmtes Signal gibt. Aber im Allgemeinen ist unser Verhalten nicht sehr verschieden von dem armen Versuchskaninchen, das in einer Fernsehshow hypnotisiert wird.

Unser unterbewusstes Radar registriert jedes Signal, dem wir ausgesetzt sind. Klänge, Gerüche, Farben, Körpersprache, Augenbewegungen, Atemmuster – all das und noch viel mehr wird von uns verarbeitet, ohne dass wir uns dessen wirklich bewusst sind. Für unser Überleben ist das auch notwendig und es dient uns auf vielen verschiedenen Ebenen.

Wir reagieren auf eine heiße Herdplatte, indem wir unsere Hand zurückziehen. Darüber müssen wir gar nicht erst nachdenken. Wir wissen, dass es wehtun würde, unsere Hand auf eine heiße Herdplatte zu legen. Unser Unterbewusstsein achtet darauf, uns zu schützen.

Warum aber funktioniert es nicht in jeder »gefährlichen« Situation so? Warum strecken wir so oft unsere Hand einer schmerzlichen Angelegenheit entgegen? Warum halten wir an Jobs, Beziehungen, Süchten und anderen Verhaltensmustern fest, obwohl sie so etwas wie eine glühend heiße Herdplatte sind?

Das liegt daran, dass unser Bewusstsein durch eine unbewusste Programmierung überstimmt oder zum Schweigen gebracht wird, die uns gar nicht mehr dient. Damit reagieren wir auf Impulse aus unserer Umgebung und nicht auf die innere Führung, die uns eigentlich schützen möchte. Als Folge bleiben wir wegen alter Gewohnheiten in unerwünschten Umständen stecken und nicht aufgrund einer bewussten Entscheidung.

Wie erwähnt, werden zahlreiche unerwünschte Situationen durch frühere Geschehnisse ausgelöst. Spricht zum Beispiel jemand mit erhobener Stimme mit uns, signalisiert das unserem Unterbewusstsein Stress. Tatsächlich hat der Stress der anderen Person nur selten etwas mit uns selbst zu tun. Dennoch reagieren wir darauf mit Unbehagen. Unser eigener Stresspegel steigt, und am Ende reagieren wir auf den Stress, den der andere in uns auslöst, in einer Weise, wie wir es schon jahrelang tun. Wir reagieren in Entsprechung zu unserer eigenen »hypnotisierten Programmierung.«

Unsere Reaktion ist dann keine überlegte und reife Antwort auf das, was gerade geschieht, sondern ein Programm, das abläuft, weil es von früheren Erlebnissen so »festgeschrieben« wurde. Der Stress, den wir in der Stimme eines Menschen registrieren, erzeugt eine automatische Reaktion entsprechend der Reaktion auf eine heiße Herdplatte. Aber leider nutzt uns unsere Reaktion jetzt aber nicht so viel. Um mit dem Stress fertig zu werden, den wir spüren, essen wir häufig mehr, als wir eigentlich wollen, wir ziehen uns zurück, sind niedergeschlagen, beginnen selbst zu schreien oder benehmen uns anderweitig selbstzerstörerisch. Es kommt eine Achterbahn an Reaktionen in Gang, die in keinem Verhältnis mehr zu der erhobenen und gestressten Stimme steht. Bedauerlicherweise verbrauchen solche Ausbrüche eine Menge an Energie, um wieder aufgelöst zu werden.

Wir handeln also nicht immer zu unserem Besten und zum Wohl der betroffenen Personen, wenn wir unsere Hand von einer symbolischen heißen Herdplatte zurückziehen. An zwei Beispielen aus der AC-Beratung von Klienten möchte ich zeigen, wie frühere Ereignisse unser Verhalten bestimmen können.

Erinnerst du dich an Susie aus der Einleitung zu diesem Buch? Jedes Mal, wenn sie Rechnungen zu bezahlen hatte, wollte sie sich scheiden lassen. Das Ereignis, das dem vorausging, war die Bezahlung von Rechnungen. Die unterbewusste Reaktion darauf war der Wunsch, sich scheiden zu lassen. Das negative Programm stammte aus Susies Beobachtung, wie ihre Eltern mit der finanziell angespannten Lage umgegangen waren. Das hatte sich unglücklicherweise in ihr Unterbewusstsein eingegraben.

- Das frühere Ereignis war, dass sich ihre Eltern über Geld stritten, als Susie noch ein kleines Mädchen war.
- Ihr Verhaltensmuster bestand darin, dass sie sich immer mit ihrem Mann stritt, wenn es darum ging, die laufenden Rechnungen zu bezahlen, und dass sie ihm mit Scheidung drohte. Das vermittelte ihr emotional das Gefühl, Kontrolle zu haben und die Situation zu beherrschen.

Allison macht jeden Morgen ihr Haus sauber. Nach dem Großreinemachen setzt sie sich auf die Couch und gönnt sich als Belohnung eine Süßigkeit. Das macht sie seit Jahren so, und inzwischen hat sie Diabetes im Frühstadium. Doch auch diese Diagnose konnte bei ihr keine Verhaltensänderung bewirken.

Als sie zu mir kam, stellten wir beide fest, dass sie ein sehr niedriges Selbstwertgefühl hatte und ein ungesundes Verlangen nach Anerkennung. Ihre Eltern hatten sie früher laufend wegen allem Möglichen kritisiert. Später im Leben schien es ihr dann, als ob ihr niemand genügend Anerkennung gab, damit sie sich wirklich geliebt und umsorgt fühlen konnte. Da sie nie erfahren hatte, wie es sich anfühlt, geliebt zu werden, hatte sie auch nie gelernt, sich selbst anzunehmen und gutzuheißen. Allison musste also einen Weg finden, sich selbst zu lieben und mit sich gut umzugehen, auch wenn sie nicht immer alles schaffte. Sie musste lernen zu begreifen, dass sie jetzt schon »gut genug« war.

- Das frühere Erlebnis war, dass sie als Kind nie anerkannt wurde.
- Ihr Verhaltensmuster, das sich daraus entwickelte, bestand darin, mehr zu essen, als ihr guttat, um sich auf diese Weise selbst Zuwendung und Anerkennung zu geben. Essen wurde von ihr mit Liebe gleichgesetzt.

Sobald wir uns frühere Erlebnisse und Ereignisse bewusst machen, die bestimmte Verhaltensmuster geprägt haben, können wir aktiv Strategien entwerfen, um unsere automatisierten Reaktionen zu überwinden und vorteilhaftere Verhaltensweisen zu entwickeln. Wenn man »hypnotisiert«

wird, ist das als Show im Fernsehen zur Unterhaltung vielleicht ganz lustig, aber im echten Leben ist es ziemlich kräftezehrend und schädigend.

Andere Menschen

Wir alle wissen, dass andere Menschen eine starke Wirkung auf uns ausüben können. Gruppenzwang bringt uns dazu, unsere Einstellungen, Werte und Verhaltensweisen zu verändern bzw. anzupassen, damit wir mit den Ideen der jeweiligen Einflussgruppe übereinstimmen.

Man sollte nicht glauben, dass es so etwas nicht auch in unserer spirituellen Gemeinschaft gäbe. Ich war überrascht, einmal gebeten zu werden, mich doch für die Präsentation der AC auf eine ganz »spirituelle« Art und Weise zu kleiden, weil der Gastgeber ein bestimmtes Image erhoffte, welches für das Marketing besser wäre.

Wir sind im Leben ausgeglichener und können eher Muster wahrnehmen, die von anderen Leuten ausgelöst werden, wenn wir ein gesundes Selbstwertgefühl haben und erkennen, wer wir sind.

Andere Menschen beeinflussen uns ständig. Manchmal machen sie das absichtlich und manchmal haben weder sie noch wir irgendeine Ahnung, wie tief greifend wir beeinflusst werden.

Wenn wir zum Beispiel viel in der Gesellschaft von Menschen sind, die immer alles ausgeben, was sie verdienen, dann stehen die Chancen gut, dass wir mit unseren Finanzen genauso umgehen. Wenn wir hauptsächlich mit Menschen zu tun haben, die sich mehr für Sport als für Kultur interessieren, spricht viel dafür, dass wir uns ähnlich verhalten.

Der Autor Jim Rohn sagt: »Du bist der Durchschnitt von den fünf Menschen, mit denen du die meiste Zeit verbringst.«

Nun sind wir vermutlich nicht genau die Summe bzw. der Durchschnitt unserer nächsten Freunde und Kollegen, aber die Tatsache stimmt, dass andere Menschen eine Wirkung auf uns und unser Lebensgefühl haben. Wir möchten gern gemocht und geliebt werden, Teil einer Gemeinschaft sein – so sehr, dass manche sich dafür schier ein Bein ausreißen würden, um anderen zu gefallen.

Wir können feststellen, wessen Energie förderlich oder schädlich für uns ist. Der heikle Punkt ist, wie wir unsere eigene Energie so verändern, dass wir nicht dieselbe Essenz in Gestalt einer neuen Person erneut in unser Leben einladen.

Wie viele Menschen heiraten jemanden, der bzw. die genau wie ihr Vater oder ihre Mutter ist? Wie viele Leute lassen sich scheiden, nur um später herauszufinden, dass der nächste Partner die gleichen Eigenschaften hat wie der vorherige? Das ist nie jemandes »Schuld«. Wir tragen die Energie dieser anderen Menschen in uns und ziehen deshalb immer wieder denselben Archetyp in unser Leben.

Ich spreche über Menschen, die etwas in uns auslösen. Gemeint sind jedoch die Leute, die in der Regel schon vor langer Zeit eine unbewusste Prägung in unserem Leben hinterlassen haben. Wir neigen dazu, diese Energie buchstäblich immer wieder zu duplizieren und zu wiederholen.

Wir reagieren auf die Signale unserer Eltern, Lehrer oder früherer Partner. Ihre Energien sind immer noch in uns vorhanden, wo auch immer sie jetzt gerade sein mögen. Vielleicht sind sie schon verstorben oder haben sich in einen ganz anderen Menschen verwandelt. Die Prägung durch ihre frühere Energie lebt jedoch in uns weiter. Es liegt nun an uns, uns diese Auslöser bewusst zu machen und sie liebevoll loszulassen, damit wir in neue, bessere Erfahrungen gehen können.

Hier zwei Beispiele aus AC-Beratungen für Verhaltensmuster, die von anderen Personen ausgelöst wurden: Wendy verliebt sich immer wieder in Männer, die kein Interesse an einer ernsthaften Beziehung haben. Sie ist eine fähige, erfolgreiche Frau, die sich um all ihre Angelegenheiten selbst kümmert. In Beziehungen wird sie jedoch so bedürftig, dass sie ständig die Zustimmung und Zuwendung ihres Partners braucht, bis sich dieser schließlich entscheidet, die Beziehung zu beenden. Wendy ist jedes Mal ganz verzweifelt, wenn die Männer kurz nach der Trennung eine andere Frau heiraten.

Warum fühlt sich meine Klientin von Männern mit einem solchen Verhaltensmuster angezogen? Weil sie die perfekte Ergänzung zu der Energie darstellen, die Wendy anbietet. Ihr Vater hatte die Familie verlassen, als Wendy ein kleines Mädchen war. Er hatte sie sehr geliebt und liebte sie bis zu seinem Tod zwanzig Jahre später. Ihr Vater hatte jedoch eine Menge Probleme mit sich selbst. Er war Alkoholiker und konnte sich nicht richtig um seine Bedürfnisse kümmern, geschweige denn um die Bedürfnisse eines kleinen Mädchens.

Die leidvolle Erfahrung, dass ihr geliebter Vater sie zurückließ und nicht mehr in der Lage war, sich um sie zu kümmern, hatte in Wendys emotionaler Intelligenz eine Wunde hinterlassen. Sie steckte fest in ihrem Schmerz und in ihrer Verletzung, die sie bei ihrer Suche nach einem geeigneten Partner enorm beeinflussten. Sie verliebte sich immer wieder in Männer, die Eigenschaften ihres Vaters hatten. Sie waren nicht unbedingt Alkoholiker, aber alle verließen Wendy und verstärkten in ihr das Gefühl, dass sie nicht genügend wert war, um geliebt und umsorgt zu werden.

- Das frühere Erlebnis war, dass Wendys Vater die Familie verließ, weil er lernen musste, sich um sich selbst zu kümmern.
- Mit ihrem Verhalten versuchte sie, die fehlende Liebe ihres Vaters mit einem Freund zu ersetzen, der nur wusste, wie er sich um sich selbst kümmern konnte, nicht auch um sie.

Cindy hatte eine starke Verachtung für Männer entwickelt. Sie war in ihrer dritten unglücklichen Ehe, als sie zu mir kam und wir zusammenarbeiteten. Sie war ganz verzweifelt auf der Suche nach einem Weg, um aus ihrer Geringschätzung für Männer herauszufinden, und sie war bereit, alles zu versuchen, um eine dritte Scheidung zu vermeiden.

Ihr Vater war ein wunderbarer Mann gewesen, und sie erinnerte sich nur an gute Dinge. Ihre Mutter war eine fürsorgliche Hausfrau und tat alles, um ein gemütliches und liebevolles Zuhause zu schaffen. Manchmal, wenn ihr Vater am Sonntagnachmittag Football-Spiele im Fernsehen ansah, erzählte ihr die Mutter beim Aufräumen der Küche, dass sie in ihrem nächsten Leben gern als Mann zurückkommen würde. »Männer haben ein so viel besseres Leben als Frauen«, sagte sie oft mehr zu sich selbst als zu ihrer Tochter. Das hinterließ bei Cindy einen tiefen Eindruck und führte sie dazu, bei Männern zwanghaft nach Fehlern zu suchen. Die Bemerkungen ihrer Mutter hatten sich für Cindy zu einer zerstörerischen Lawine zusammengeballt und machten es ihr schwer, an ihren Partnern etwas Gutes zu entdecken. Cindy musste wieder ihre weibliche Seite lieben lernen und dem Mann erlauben, sie auf wundervolle Weise zu verwöhnen.

- Die frühere Erfahrung waren die Klagen ihrer Mutter über ihren Vater.
- Ihr Verhaltensmuster bestand darin, dass es ihr unmöglich war, Menschen als einzigartige Individuen zu sehen, die viel Gutes anzubieten hatten. Cindy wurde zu einer Fehlersucherin und nörgelnden Ehefrau.

Wenn wir erkennen können, was Beziehungen mit anderen Menschen auslösen, und wenn wir unsere eigenen Muster durchschauen, dann können wir uns von dem lösen, was uns nicht mehr dient, und bessere Lebensumstände schaffen. Andere Menschen lösen nur deshalb etwas in uns aus, weil der »Empfang« dafür in uns aktiv ist.

Die Auslöser zu identifizieren, wird uns helfen, neue und lebensbejahende Muster zu entwickeln. Es ist immer gut, erst einmal die Quelle für eine Verunreinigung zu finden, bevor wir uns darauf konzentrieren, sauber zu machen. Auf die Weise beseitigen wir die Wurzelursache, räumen den unerwünschten Unrat fort und entwerfen gesunde und förderliche neue Verhaltensweisen. Wir werden zu kreativen Mitschöpfern unseres Lebens und werden daran erinnert, wie machtvoll wir tatsächlich sind. Schließlich werden wir zum Wunder unseres eigenen Lebens.

TEIL IV

Wie man zum Teil der Lösung wird

Wie sieht das neue Muster aus?

»In diesem Buch und bei deiner gesamten Lebensreise geht es darum, ein gesundes Gleichgewicht in deinem Leben zu finden. Du wirst diese Balance finden, wenn du dein Herz und deinen Geist in Harmonie bringst.«

AKASHA-CHRONIK, GABRIELLE ORR

Ein neues Muster ist etwas Frisches und Sauberes. Von Zeit und Gebrauch nicht angetastet. Es ist etwas, was ein neues und besseres Leben verheißt. Häufig glauben wir, dass ein neues Muster der Gegensatz zu einem alten Muster wäre, und versuchen beständig, jenen Teil unseres Lebens, der nicht so recht funktioniert, durch das genaue Gegenteil zu ersetzen.

Unser Wunsch, nicht mehr zu rauchen, wird ersetzt, indem wir unsere Aufmerksamkeit darauf richten, nicht mehr zu rauchen. Die Absicht, Gewicht zu verlieren, führt zu einer zwanghaften Beschäftigung mit Diäten und mit Kalorienzählen.

Das Verlangen, einen liebevollen Partner zu finden, setzt die Suche nach einem Seelenpartner in Gang, weil wir uns vorstellen, dass ein neues Muster der Gegensatz zu dem alten Muster ist, das wir loslassen möchten.

Wenn es so einfach wäre, dann hätten wir ja keine Probleme damit, unsere Lebensumstände zu ändern, sobald wir etwas Neues möchten. Das neue Muster muss jedoch keineswegs genau das Gegenteil der alten Verhaltensweisen und Gewohnheiten sein. Die Bekehrung vom Raucher zum Nichtraucher oder die Verwandlung der Tratschtante in einen positiven Menschen behandelt ganz selten das wirkliche Problem. Im Idealfall wird das neue Muster die Ursache der bisherigen Angewohnheit von der Wurzel her beseitigen.

Das Leben hat eine merkwürdige Art, uns Lektionen zu erteilen. Wenn es ein ungesundes Muster gibt, das wir loswerden oder von dem wir etwas lernen möchten, hilft es uns, die Wurzel dieses Verhaltens zu erkennen. Erst dann können wir wirklich sicher sein, dass sich das Muster nicht doch ständig wiederholt. Wir werden zu Meistern unserer Lektionen, wenn wir sie von Grund auf verstehen, und werden gute und erfolgreiche Wege finden, mit unseren Themen klarzukommen.

Wir streben also ein neues Muster an, das losgelöst ist von der Wurzel unseres Leids und sich nicht nur um die oberflächliche Behandlung des Problems kümmert, worauf wir uns so oft ausrichten.

- Erinnerst du dich an meinen Klienten Ben? Er hatte sich auf seine unglückliche Beziehung fokussiert. Er war bereit, Schluss zu machen, wie er oft betonte. Deshalb konzentrierte sich seine ganze Energie auf seine Freundin und darauf, seine wahre Seelenpartnerin zu finden. Das echte Thema hatte jedoch nichts mit der Beziehung zu tun, sondern mit ihm selbst. Ben hatte ernsthafte Verlustängste. Seine Verlustängste waren so stark, dass er die Beziehung nicht aus Liebe führte. Er hatte sich eine Partnerin ausgesucht, die ihn nicht verlassen würde, egal wie sehr er sich danebenbenahm. Seine Energie passte genau zu jemandem, der seine leidvolle Vergangenheit und die Probleme, die damit zusammenhingen, akzeptiere. Um heil zu werden und sich in einer Beziehung glücklich zu fühlen, musste Ben sich erst einmal aufrichtig mit seinen Verlustängsten auseinandersetzen.

Die Wurzel dafür lag in der Tatsache, dass sein Vater die Familie verlassen hatte, als Ben ein kleiner Junge war. Er fühlte sich im Stich gelassen. Ben hatte einen Teil seiner Unbeschwertheit verloren, als sein Vater ging. Sein Herz war verwundet, und um zu überleben, suchte er Verbindungen mit Partnerinnen, denen es darum ging, anderen nach dem Mund zu reden. So jemand würde ihn nicht verlassen. Eine solche Partnerin würde immer bei ihm bleiben, was auch geschah. Sein inneres Leitsystem führte ihn zu Frauen, bei denen er sich sicher fühlte. Insofern passten beide Partner gut zusammen, weil jeder den anderen mit seinem bzw. ihrem zerstörerischen Muster »gefangen hielt«. Keiner von beiden war bereit, sich weiterzuentwickeln. Beide hatten nur ihr Überleben im Blick.

Anstatt sich auf eine Veränderung in seiner unglücklichen Partnerschaft zu konzentrieren, beschloss Ben, sich um sich selbst zu kümmern. Er wollte den Schmerz heilen, den der Weggang seines Vaters ihm zugefügt hatte. Und zusätzlich musste Ben lernen, für sich selbst gut genug zu sein. Es wurde für ihn wesentlich, einen Weg zu finden, wie er fröhlich und glücklich sein konnte, ohne jemanden neben sich zu haben.

Bens neues Muster richtete sich darauf aus, den Vater-Archetypus in sich selbst zu finden und zu entwickeln. Bei seiner inneren Bewusstseinsarbeit strebte er ein neues Verhaltensmuster an, das alle Aspekte von Führung und Unterstützung stärkte. Dazu zählte auch eine erneuerte Beziehung zu Gott, den er manchmal auch »himmlischen Vater« nannte.

Auf der äußeren Ebene engagierte er sich bei einem speziellen »Großer-Bruder-Programm«, in dem er sich um einen kleinen Jungen kümmerte, der wie Ben ohne Vater aufwuchs. Er eignete sich vaterähnliche Fähigkeiten an, um seinen »kleinen Bruder« zu begleiten und zu fördern, und zugleich heilte er zahlreiche seiner Kindheitswunden. Ben nahm auch an wöchentlichen Treffen von »Ein Kurs in Wundern« teil, um seine emotionale Entwicklung zu fördern.

Sehr bald wurde er ein glücklicher Mann. Seine Beziehung löste sich in gegenseitigem Einverständnis auf.

Danach dauerte es ein Jahr, bis sich Ben in eine wunderbare, sehr selbstständige und selbstsichere Partnerin verliebte. Sie reist geschäftlich viel, und das gibt ihm reichlich Raum und Zeit, seine eigenen Bedürfnisse zu erfüllen. Sie haben später geheiratet – und ich möchte hinzufügen: aus den richtigen Gründen. Ben hat seine traurige Vergangenheit durch neue, gesunde Muster ersetzt, nachdem er an der Wurzelursache gearbeitet hatte. Heute haben die beiden zwei Kinder, und er ist ihnen ein guter Vater.

Um Veränderungen erfolgreich durchzuführen, müssen wir das Energiefeld verändern, in dem sich das Ursprungsproblem befindet. Wenn wir uns nur auf die oberflächlichen Symptome konzentrieren, müssen wir unsere ganze Energie aufwenden, um überhaupt irgendwelche Ergebnisse zu erzielen.

Ich möchte es noch einmal anders ausdrücken: Unsere Probleme werden so lange nicht gelöst, bis die Seele zufriedengestellt ist. Probleme, Glaubensmuster und dysfunktionale Verhaltensweisen treten auf als Folge der inneren Rahmenbedingungen, in denen wir leben. Diese Rahmenbedingungen sind oft genug auf Fehlwahrnehmungen und ungesunden Werten aufgebaut, an die wir uns klammern und die wir nicht so einfach loslassen können.

Ich möchte an einem weiteren Beispiel berichten, welche Veränderungen man erreichen kann, wenn man sich auf das wahre Thema hinter den oberflächlichen Symptomen fokussiert.

- Lisa ist eine sehr spirituelle Frau. Sie arbeitet an sich und an ihren tieferen Themen, ist hellwach und isst gesund und ausgewogen. Dennoch wurde bei ihr im Alter von 65 Jahren Krebs festgestellt. Da der Krebs sehr aggressiv war und bereits etliche ihrer inneren Organe erfasst hatte, entschied sie sich für eine konventionelle Behandlung mit Chemotherapie. Zusätzlich wollte sie auch tiefer in ihre Emotionen hineinschauen, um alle Muster und Verhaltensweisen zu eliminieren, welche jenes Energiefeld erzeugt hatten, in dem der Krebs sich ausbreiten konnte.

Die erste Antwort, die ich erhielt, überraschte mich. Die AC teilte mir mit, dass Lisa sehr starke Schamgefühle hatte. Ich hatte das bei ihr vorher nie bemerkt. Die AC bestand jedoch darauf. Lisa weinte leise und erzählte mir, dass sie voller Schamgefühle aufgewachsen war, weil ihre Mutter nie mit ihrem Vater verheiratet war. Lisa war ihrem Vater nie begegnet, und sie war das einzige Kind weit und breit, deren Mutter außerehelich schwanger geworden war. Ihre Mutter hatte kein Geld, was bei Lisa weitere Schamgefühle hervorrief. Sie fühlte sich nicht genügend wert und würdig, etwas Gutes zu erhalten.

Lisas AC zeigte mir zwei weitere Ursachen für ihre Schamgefühle. Lisa war mit 19 Jahren schwanger geworden und wurde Mutter eines süßen kleinen Mädchens. Lisa und der Vater heirateten, aber sie passten nicht gut zueinander. Dennoch wollte sie ihrer Tochter eine bessere Kindheit bieten, als sie selbst es erlebt hatte. Nach ein paar Jahren ließen sie sich scheiden, und das machte es Lisa möglich, einen Mann zu heiraten, der in jeder Hinsicht ihr Seelenpartner war. Er passte perfekt zu ihr und ihrer Tochter.

Es brauchte eine Weile, bis Lisa und ich herausfanden, was der dritte Grund für ihre Schamgefühle war. Lisa schämte sich, krank geworden zu sein. Denn schließlich war sie doch eine Heilerin und »sollte« selbst nicht krank werden. Sie lebte sehr gesund und kümmerte sich sowohl auf den äußeren als auch auf den inneren Ebenen sehr um sich selbst. Sie war ein echter Engel, schämte sich jedoch ihrer Unvollkommenheit. Was sollten ihre Klienten von ihr denken? Wie konnte es nur sein, dass jemand wie sie Krebs bekam? All diese Fragen trieben sie um. Ähnliche Fragen wie in Bezug auf ihre Kindheit belasteten sie: Was würden andere Menschen von ihr denken? Warum hatte gerade sie diese Krankheit bekommen? Wie würden andere Leute sie bewerten?

Dieses ständige mentale Geschnatter war gefährlich und musste ein für alle Mal abgestellt werden. Lisa musste sich wieder wohlfühlen können, auch dann, wenn andere Leute sie vielleicht nicht anerkannten. Sie musste lernen, dass wir nie allen gefallen können. Lisa bekam aus der AC eine Menge guter Hinweise, wie sie ihren Selbstwert stärken und sich wieder gut mit sich selbst fühlen konnte. Schließlich hat ja jeder Mensch Themen, mit denen er sich herumschlägt. Keiner hatte das Recht, mit dem Finger auf sie zu zeigen und ihr das Gefühl zu geben, sie sei weniger wert als andere.

Lisa bekam Vorschläge, wie sie sich von den Schamgefühlen lösen konnte. Sie wurde gebeten, die Scham zu fühlen und als eine Emotion auf der Skala menschlicher Gefühle zu akzeptieren. Das Gefühl der Scham besaß nicht mehr Gewalt über sie als das Gefühl zu schwitzen oder zu frieren. Wenn man friert, zieht man einen Pullover an. Wenn du Scham fühlst, atmest du tief durch und schaust wieder auf deinen Selbstwert und machst ihn dir bewusst. Du musst nicht an diesem Gefühl festhalten und es dein Leben beherrschen lassen.

Als letzten Hinweis gab ihr die AC eine Übung mit, die sie mindestens einmal pro Woche durchführen sollte. In einem öffentlichen Park oder am Strand sollte sie Rad schlagen, ohne einen Gedanken daran zu verschwenden, was andere Leute vielleicht von ihr denken würden. Lisa sollte alles Mögliche ausprobieren, sich keine Gedanken über die Meinungen von anderen machen und einfach nur Spaß haben.

Außerdem sollte sie ihre Arbeit als Heilerin fortsetzen. Ihr eigener Heilungsprozess würde sie noch wirksamer in ihrer Arbeit mit ihren Klienten werden lassen. Die Klienten würden durch Lisas Authentizität gestärkt werden. (Wir planen schon unsere »runden« Geburtstage im Jahr 2020.)

Eine gute Möglichkeit, Muster in unserem Leben zu erkennen, besteht darin, auf unsere Gefühle und unsere Intuition zu hören. Ich habe für mich festgestellt, dass meine Emotionen etwas stärker sind, wenn ich in einem Muster stecke. So als ob es ein Signal aus einer höheren Quelle gäbe, doch bitte dem mehr Aufmerksamkeit zu widmen, was gerade geschieht. Wenn wir auf solche Signale nicht achten, wird das Leben uns laufend weitere Lektionen schicken, um unsere Aufmerksamkeit zu erhalten und uns individuell weiterzuentwickeln.

Die emotionale Selbstreflexion wird uns auf alle möglichen Muster und Lektionen aufmerksam machen, die wir gerade lernen sollen. Es könnte eine Lektion der Demut oder der Dankbarkeit sein. Unter Umständen sollen wir Mitgefühl lernen, um die Dinge mal aus dem Blickwinkel einer anderen Person zu betrachten.

Ein Aha-Moment hat auf unseren Bewusstseinszustand eine kraftvolle Wirkung. Wir erkennen unsere eigene Wahrheit und hören auf, anderen gefallen zu wollen oder uns um deren Anerkennung zu bemühen. In solchen Momenten beginnen wir, uns selbst etwas mehr zu lieben. Um diese Aha-Momente voller Bewusstheit zu erleben, müssen wir offen sein für unsere tiefer liegenden Themen und verborgenen Muster. Dann können wir uns darauf konzentrieren, ein neues Muster zu erschaffen, welches das wirkliche Problem löst, und damit unser Leben verbessern.

Muster mithilfe der Akasha-Chronik auflösen

»Deine Intention ist
deine Hingabe an das Leben.«

AKASHA-CHRONIK, GABRIELLE ORR

Unser Universum funktioniert auf erstaunliche Weise. Es gibt unendlich viele Möglichkeiten, wie wir alle mit dem Göttlichen kommunizieren können. Es wäre albern zu meinen, es gäbe eine einzige »Technik«, die für alle Menschen gültig wäre. Jeder von uns hat seinen eigenen Weg, um mit Problemen umzugehen. Vermutlich hast du längst deine eigene einzigartige Verbindung aufgebaut, wie du mit dem Göttlichen kommunizierst.

Meine größte Liebe ist die Verbindung über die AC. Im Laufe der Jahre habe ich viele verschiedene Kommunikationsmöglichkeiten kennengelernt, aber meine Liebe und meine Gaben werden in meiner Hingabe an die Meister und Lehrer der AC am besten offenbar. In meinem Buch »Akasha-Chronik – One True Love: Der praktische Leitfaden, um das Buch deines Lebens zu lesen«[16], habe ich Methoden beschrieben, wie du Zugang zu deiner eigenen AC erhältst. In meinen Kursen vertiefe ich dieses Wissen.

Die sehr praktischen und leicht nachvollziehbaren Übungen in meinem ersten Buch erlauben dir, deine eigene AC zu befragen, damit du die Ursprünge deiner Muster finden kannst. In Teil II dieses Buches haben wir uns vielfältige

Möglichkeiten für die Ursprünge unserer Muster angesehen. Mit der Hilfe der AC kannst du feststellen, ob ein Thema aus einem früheren Leben stammt oder aus der Zeit als Kleinkind, ob es aufgrund einer spiritueller Verstrickung besteht oder aus einer anderen Quelle kommt.

Um den Nutzen noch deutlicher zu betonen, den du aus der Verbindung mit deiner eigenen AC hast, möchte ich einen kurzen Abschnitt aus meinem ersten Buch hier wiederholen.

»Sei realistisch.
Plane Wunder ein.«
OSHO[17]

»Du wirst in den Seiten dieses Buches nicht viele Informationen über mich finden, über meine Reise, über die Bedeutung von Religion und manche andere Dinge, die nicht wirklich dazu beitragen, wie du Zugang zu deiner eigenen Akasha-Chronik bekommst. Insofern ist das Buch genau, wie ich bin – geradeheraus und auf den Punkt gerichtet.

Ich befolge dabei konsequent die Aufträge und die Führung meiner eigenen Akasha-Chronik, um die Informationen ›nach draußen‹ zu geben und andere zu unterrichten, eine Verbindung mit der Ebene der bedingungslosen Liebe herzustellen. Ich habe das in den letzten achtzehn Jahren getan, sowohl persönlich im Rahmen von Gruppen als auch über das Internet. Jetzt ist es Zeit, das Wissen niederzuschreiben und es dir zu übermitteln.

Es ist dein Geburtsrecht, Zugang zu dieser Quelle zu erhalten. Jede und jeder kann diese Verbindung herstellen. Die Qualität der Verbindung beruht auf dir – sie hängt von deiner Absicht und deinem Einsatz ab, den du zu leisten bereit bist. So wie ein beliebiger Amateurgolfspieler sich sehr beharrlich und zielstrebig einsetzen müsste, um ein Profispieler zu werden, wirst du nur dann zu einem echten Champion dabei werden, Zugang zu deiner Akasha-Chronik zu gewinnen, wenn du bereit bist, dich auf dein Spiel zu fokussieren, deine Praxis durch regelmäßiges Üben zu vertiefen und dir dabei darüber im Klaren bist, warum du dieses Ziel verfolgst.

Die Information in diesem Buch wird dich zu deiner eigenen Akasha-Chronik führen. Du wirst alles erhalten, was nötig ist, um die Verbindung herzustellen und mit deinen Fragen durch die Ebene der Akasha-Chronik zu navigieren. Ich verwende zwar die Form von Sprache, um dich zu unterrichten, aber du wirst diese Lehren auch in einer sehr hohen Schwingung aus der Akasha-Chronik selbst empfangen. Diese Schwingungsenergie wird dir erlauben, die Verbindung herzustellen. Sie wird deine Energie auf die richtige Ebene anheben, damit du die Liebe fühlen kannst und spürst, wie sie in dich fließt. Das wird dich bewusst werden lassen, dass du ein ganzheitliches und herrliches Seelenwesen in menschlicher Gestalt bist.

Anders ausgedrückt sind diese Seiten von Liebe durchtränkt, und ich möchte, dass du diese Liebe spürst – du musst sie fühlen.«

Ob du dich entscheidest, mit der AC zu arbeiten oder deine eigene Methode anzuwenden, ist wirklich nicht besonders wichtig. Denn, wie bereits erwähnt, arbeitet das Universum auf erstaunliche und »zauberhafte« Weise. Es gibt unendlich viele Möglichkeiten zu kommunizieren. Wesentlich sind vor allem deine ernsthafte Absicht und die entschlossene Anwendung deiner persönlichen Kommunikationsform.

Unsere Willenskraft nutzen

»Du bist mächtiger, als dir bewusst ist.
Nutze deine Macht weise.«

Akasha-Chronik

Um mit unseren neu geschaffenen Mustern und Verhaltensweisen erfolgreich zu sein, müssen wir begreifen, wie wir unsere mentale Stärke am besten nutzen. Viele Menschen fassen die schönsten Vorsätze, die jedoch selten von Dauer sind. Wir werden der Vorsätze müde, lassen uns ablenken oder entmutigen und geben nach wenigen Versuchen wieder auf.

Wenn wir entscheidende Veränderungen in unserem Leben bewirken wollen, müssen wir unsere mentale Kraft einsetzen, um Erfolg zu haben. Willenskraft bedeutet, kurzzeitigen Versuchungen widerstehen zu können, um unsere langfristigen Ziele zu erreichen.

Zahlreiche Untersuchungen haben zu der Erkenntnis geführt, dass grenzenlose Willenskraft nichts ist, womit wir geboren werden, sondern vielmehr eine Fähigkeit, die wir stärken oder schwächen können. Ähnlich wie überstrapazierte Muskeln am Ende eines übertriebenen Trainings kann auch unsere Willenskraft nachlassen, wenn wir sie zu sehr beanspruchen.

Wir müssen also lernen, wie unsere Willenskraft funktioniert, wie wir sie stärken und sinnvoll zu unserem Nutzen einsetzen können, um wesentliche Veränderungen in unserem Leben tatsächlich zu manifestieren. Dabei schauen wir nicht auf kurzfristige Änderungen, sondern wir wollen lebensfördernde langfristige Resultate erzielen.

Willenskraft wie ein Bankkonto betrachten

Unsere Willenskraft muss ebenso weise verwaltet werden wie Ersparnisse auf dem Konto, damit wir sie nicht überstrapazieren. Wenn du zum Beispiel deine Willenskraft einsetzt, um zum Fitnesstraining zu gehen, vergiss nicht, einen gesunden Snack einzupacken. Es könnte nämlich sein, dass du zwar genug Willenskraft hast, um Sport zu treiben, aber sie nicht ausreicht, einem ungesunden Snack danach zu widerstehen.

Willenskraft funktioniert wie ein Muskel

Unsere Willenskraft ist wie ein Muskel, denn man kann sie mit der Zeit durch Training entwickeln. Wir üben unsere Willenskraft, wenn wir Routinen ablegen und neue Verhaltensweisen so lange trainieren, bis sie zu unserem Normalzustand geworden sind. Setze dir kleine, aufeinander aufbauende Ziele, die machbar sind, und erreiche sie regelmäßig.

Unsere Willenskraft wird durch Emotionen beeinflusst

Es gibt definitiv einen Zusammenhang zwischen unseren Gefühlen und unserem Durchhaltevermögen, einen einmal eingeschlagenen Kurs auch einzuhalten. Ein anstrengender Arbeitstag kann sich negativ darauf auswirken, neue Muster und Wünsche zu verfolgen. Auch wenn wir viel Energie durch unnötiges Grübeln verlieren, macht uns das anfällig für alle möglichen Verlockungen. Einem erschöpften oder überbeschäftigten Geist wird es schwerfallen, Versuchungen zu widerstehen und auf die gesetzten Ziele fokussiert zu bleiben.

Wie man seine Willenskraft austrickst

Wir brauchen andere Strategien, um unsere Willenskraft auf Kurs zu halten, zum Beispiel, indem wir unseren neuen Weg schon frühzeitig planen, bevor unsere Willenskraft ausgelaugt ist. Wenn wir gut vorbereitet sind, wird eine Schwäche unserer Willenskraft keine große Rolle spielen.

Um uns wirklich ganz für unsere neuen Verhaltensmuster zu entscheiden, sollten wir alle Ablenkungen und Verlockungen um uns herum entfernen. Befreie dich zum Beispiel von allem »Junk Food«, also allen ungesunden, süßen, fetten und belastenden Snacks. Und achte darauf, dass du dich nicht dazu verführen lässt, sie wieder neu zu kaufen. Richte dein Heim und deine Umgebung so ein, dass dein neues Muster unterstützt wird. Nimm dir zum Beispiel Zeit, um aus hochwertigen Lebensmitteln eine gesunde Mahlzeit zuzubereiten.

Die erfolgreichsten Menschen mit Willenskraft sind alle Meister und Meisterinnen in der entsprechenden Vorbereitung. Sie stellen sich vorher mental darauf ein, dass sie unterwegs Schwierigkeiten meistern müssen. Auf diese Weise müssen sie nicht ständig eine hohe Willenskraft aufbringen, sondern können auf Herausforderungen entspannt reagieren.

Ich habe mir diesen Rat zu Herzen genommen und meine Mahlzeit für den nächsten Morgen bereits am Abend vorher zubereitet. Die Vorteile von Obst- und Gemüsesäften hatte ich schon früher erkannt. Es ist, als ob du einen

Vitaminstoß direkt in dein Blut bekommst. Früher hatte ich zwar Biogemüse besorgt, aber es dann oft gar nicht verwendet, weil ich morgens einfach zu müde war, um daraus Saft zu machen. Nachdem ich anfing, den Saft schon am Abend zuzubereiten, war dieses Problem verschwunden. Ich habe das Gemüse, die Grünpflanzen wie Salate oder Weizengras und so fort und das Obst gesäubert und sie in einer großen Schüssel in meinen Kühlschrank gelegt, um sie frisch zu halten. Den Entsafter habe ich auch schon bereitgestellt. Am Morgen musste ich dann nur noch das Obst und Gemüse in das Gerät geben. Diese Art der Arbeitsvorbereitung hat für mich gut funktioniert. Von da an bereitete ich jeden Morgen gesunden Saft frisch zu. Ich war zwar immer noch etwas schläfrig und oft auch unmotiviert, aber da alles schon vorbereitet war, musste ich nur noch eine ganz kleine Hürde überwinden. Durch diesen »Trick« konnte ich vermeiden, meine Willenskraft überzustrapazieren, bis mein neues Verhalten zur vertrauten Gewohnheit wurde. Ich manifestierte meine Kraft in diesem Universum und als wunderbare Nebenwirkung fühlte ich mich gesünder als je zuvor.

Willenskraft erfordert Pausen

Wir sind Menschen. Wir werden müde, und wir wissen, dass es Zeiten gibt, in denen wir nicht mehr alles schaffen. Unsere Willenskraft versiegt buchstäblich. Sie kann durch Erholungspausen jedoch wieder aufgebaut werden.

Zeit für uns selbst ist die beste Möglichkeit, um unsere Batterien wieder aufzuladen. Gewöhne dir an, kurze Spaziergänge zu machen oder dir zu erlauben, zehn Minuten lang deine Lieblingsmusik zu hören. Seit nett zu dir selbst und lade deinen Willenskraft-Akku wieder auf, bevor der Speicher leer ist.

Es macht Sinn, sich eine Strategie zurechtzulegen, wie wir unsere Willenskraft richtig und erfolgreich einsetzen, um unsere Verhaltensmuster zu verändern. Die gute Nachricht ist, dass wir die Techniken, wie wir unser Leben zum Besseren wenden, erlernen und üben können. Es handelt sich dabei nicht um angeborene Eigenschaften.

Wenn wir dem Universum unsere Hingabe und Entschlossenheit zeigen, unser Leben zu verbessern, dann signalisieren wir dem Göttlichen, dass wir schon bereit dafür sind, das Gute zu empfangen. Deshalb wird jede unserer Entscheidungen auf diesem Weg eine universelle Kraft freisetzen, die uns unterstützt.

TEIL V

Praxishilfen

To-do-Liste

»Das Geheimnis des Wandels ist,
all deine Energie nicht darauf zu richten,
das Alte zu bekämpfen,
sondern das Neue zu bauen.«

SOKRATES

Genau wie unsere Muskeln werden auch Muster des Gehirns stärker, wenn man sie trainiert. Wenn man etwas laufend übt, wird es zum Normalzustand und damit zu einer neuen Realität, in der wir leben.

Die »To-do-Liste« besteht aus besonderen Übungen, die alle bei verschiedenen Beratungen aus der AC mitgeteilt wurden. Du findest sie in den nächsten Kapiteln; hier soll zunächst erklärt werden, warum ich sie dir vorschlage. Sie sind so gestaltet, dass sie unsere Energie anheben, damit die Erfahrungen, die wir machen, mit unserer Seelenaufgabe übereinstimmen. Wir wollen damit Herz und Geist in Gleichklang bringen.

Häufig verlassen wir uns auf chemische Veränderungen durch Medikamente oder »Freizeitdrogen«, um unsere Gehirnfunktionen zu betäuben und uns vorübergehende Erleichterung zu verschaffen.

Wir wollen alle dysfunktionalen Eingriffe durch Übungen aus der To-do-Liste ersetzen, um Selbstermächtigung und Heilung auf den tiefsten Ebenen zu erzielen. Wir können diese »äußerlichen« Übungen auch einsetzen, um bei dauerhafter Anwendung eine nachhaltige Veränderung unseres inneren Zustands zu bewirken.

Es verhält sich dabei ähnlich wie mit den Feng-Shui-Prinzipien. Wir ordnen unsere Wohnung und den Arbeitsplatz, sodass Energie in alle Bereiche unseres Lebens fließen kann. Die Veränderungen, die wir außen vornehmen, haben auch positive Auswirkungen auf unseren inneren Energiefluss, weil alles miteinander verbunden und Teil des »Einen« ist.

Damit wir erfolgreich Veränderungen bewirken können, müssen wir zunächst begreifen, dass wir alle – egal, welche Themen uns bewegen – an unseren alten Mustern geradezu suchtartig festhalten. Wir sind vielleicht nicht drogen- oder alkoholabhängig, aber für unser Gehirn sieht jedes dieser Muster gleich aus.

Im Kapitel über das Gehirn habe ich erwähnt, wie wichtig die Synapsen sind und wie sie funktionieren. Unser Gehirn muss lernen, neue Verbindungen herzustellen, damit wir eine neue Wirklichkeit erschaffen können.

Die Forschung über den sogenannten präfrontalen Cortex ist sehr umfangreich. Ich möchte hier das aus meiner Sicht Wichtigste für unsere positive Transformation stark zusammengefasst und vereinfacht darstellen. Dieser Teil des Gehirns befindet sich hinter der Stirn am Anfang des Gehirns und ist zuständig für abstraktes Denken, mentale Analysen, die Entscheidung zwischen Richtig und Falsch sowie für die Beurteilung möglicher Konsequenzen von Handlungen oder Ereignissen. Er ist auch zuständig für Eigenschaften wie Bewusstsein, allgemeine Intelligenz und unsere Persönlichkeit.

Ein präfrontaler Cortex, der richtig funktioniert, hemmt ungeeignete oder schädliche Verhaltensweisen wie übermäßiges Essen, Alkohol- oder Drogenmissbrauch, Vergeudung finanzieller Mittel oder andere Formen der Selbstsabotage. Er wird vielmehr gesunde, stimmige und lebensbejahende Entscheidungen fördern und dazu ermutigen. Anders gesagt: Wenn dieser Teil des Gehirns gesund und aktiv ist und richtig funktioniert, werden wir kurzfristige Genuss- und Belohnungserlebnisse mit unseren langfristigen Lebenszielen in ein gutes Gleichgewicht bringen können.

Insofern ist der präfrontale Cortex dafür verantwortlich, dass es uns gut geht. Je mehr wir diesen Teil unseres Gehirns nutzen und trainieren, desto eher gelangen wir aus einem Bewusstsein, in dem es um das bloße Überleben geht (was immer auf Angst beruht), in einen Zustand des Gedeihens, der auf der Energie von Liebe beruht.

So wie wir unser körperliches Wohlbefinden durch gesunde Essgewohnheiten und ausreichende Bewegung verbessern können, können wir auch unsere Gehirnkräfte verbessern, indem wir schädliche mentale Routinen eliminieren und die richtigen mentalen Übungen anwenden. Unser Gehirn ist unglaublich, weil es sich laufend an die Reize anpasst, dem wir es aussetzen. Ein gesundes Gehirn besitzt die Macht, uns reicher zu machen – sowohl emotional als auch finanziell.

Um es offen zu sagen: Wer einer Sucht frönt oder an unerwünschten Mustern festhält, hat einen unterentwickelten präfrontalen Cortex. Glücklicherweise kann man etwas dagegen tun! Durch Stimulation des Gehirns können wir ihn zu einem nützlichen Verbündeten machen.

Dieser Teil des Gehirns wird wie auch unser inneres Leitsystem durch die Übungen der To-do-Liste geformt, auch wenn es zunächst so aussehen mag, als ob es keinen offensichtlichen Zusammenhang zwischen unserem Problem und diesen Übungen gibt.

Versuche, nur die Übung »zu leben«. Damit meine ich, lass dich auf die Übung ein, ohne an ein bestimmtes Ziel oder Ergebnis zu denken. In esoterischen Kreisen herrscht zum Beispiel oft die Ansicht, dass das Universum Geld zurückschickt, wenn man selbst Geld spendet. Das »funktioniert« jedoch meistens nur dann, wenn wir spenden, weil wir wirklich helfen möchten, und nicht, weil wir eine Gegenleistung erwarten. Manchmal denken Leute auch, dass sie mehr zurückbekommen, je mehr sie geben. Es ist jedoch immer die Absicht, die entscheidend ist, nicht die Tat an sich.

Nutze alle Übungen nur als ein mögliches Werkzeug, um von Punkt A nach Punkt B zu gelangen. Die Durchführung der Übungen muss nicht zu einem Teil unserer neuen Realität, spirituellen Praxis oder unserer neuen Muster werden, sondern sie sind nur ein Vehikel, das uns beim Streben nach Transformation dienen soll.

Führe die Übungen nicht aus, während du dich auf ein Problem konzentrierst, das du lösen möchtest. Mach also keine Übung, die sich nur darauf fokussiert, Gewicht zu verlieren, reich zu werden oder einen Seelenpartner zu finden.

Führe die Übungen durch, ohne dich besonders auf das zu konzentrieren, was du verändern möchtest. Es reicht, wenn du die Übungen bewusst ausführst. In der Übung lebendig zu sein reicht aus, um die Veränderungen zu erzeugen, die du anstrebst. Du musst nichts mental wiederholen oder versuchen, zwanghaft irgendein Ergebnis zu erreichen.

Anders gesagt, möchte ich dich daran erinnern, dass Gott nicht taub ist. Das Universum weiß, wenn wir es ernst meinen mit bestimmten Veränderungen, und es wird uns dabei unterstützen, unsere Umgebung so einzurichten, dass sie unsere Entscheidung fördert.

28 Tage

»Unsere Arbeit ist unsere sichtbar gemachte Liebe.«

Steven Pressfield

Die Zahl 28 taucht in vielen AC-Readings auf. Man sollte sich dennoch nicht an diese Zahl klammern. Ich erhielt einfach oft für Klienten die Botschaft, sie sollten eine bestimmte Verhaltensweise oder Übung 28 Tage lang durchführen. Als ich um eine detailliertere Erklärung dafür bat, sagten die Meister und Lehrer der AC, dass ein Mensch innerhalb von 28 Tagen die ganze Skala seiner Gefühle durchlebt. Wenn wir das gesamte Spektrum unserer Gefühle bewältigen, dann erleben wir das neue Verhaltensmuster auch, wenn wir uns glücklich empor erheben oder in das tiefe Tal der Seele eintauchen.

Außerdem hat die AC häufig vorgeschlagen, den neuen Weg mit dem beginnenden Vollmond zu beginnen und bis zum nächsten Vollmond zu praktizieren. Bekanntlich dauert es rund 28 Tage von einem Vollmond zum nächsten. Der Menstruationszyklus der Frau dauert ebenfalls 28 Tage. Und es ist interessant festzustellen, dass die meisten Rehazentren ihren Klienten 28-Tage-Entgiftungsprogramme anbieten, wenn es um Suchtentwöhnung geht. Aus irgendeinem Grund scheint die Zahl 28 in Bezug auf Transformationen in unserem Leben bedeutsam zu sein.

Aber lass dich bitte nicht von der Zahl 28 »gefangen nehmen« oder davon abhalten, deine Reise überhaupt zu beginnen, weil du denkst, dass das doch eine zu lange Zeitspanne wäre. Es ist mehr ein Vorschlag als eine feste Regel oder Vorschrift. Je mehr du mit der göttlichen Führung arbeitest, desto eher wirst du feststellen, dass es nur sehr wenige universelle Gesetze gibt, die sich über die Macht deines freien Willens hinwegsetzen.

Wir alle sind erstaunliche Individuen mit zahllosen unterschiedlichen Vorlieben. Was für den einen gut klappt, funktioniert für den anderen überhaupt nicht. Die »Magie« der zauberhaften Kraft der 28 Tage besteht darin, dass unser Gehirn genug Zeit hat, um neue Synapsen zu bilden, damit das gewünschte Ergebnis sich manifestieren und für uns sichtbar werden kann.

Meditation

»Du bist nicht deine Gedanken.
Du bist nicht dein Verstand.
Du bist göttlich.«

AKASHA-CHRONIK, GABRIELLE ORR

Du denkst dir vielleicht: »Na, das kann ich ja gar nicht glauben, dass sie Meditation empfiehlt, um meine Probleme zu lösen.« Bitte sei nicht frustriert, sondern hör dir an, warum ich weiß, dass Meditation dir dabei helfen wird, in allen Bereichen deines Lebens eine Verbesserung zu erzielen. Meditation kann der Weg sein, um uns von dort, wo wir jetzt sind, dorthin zu bringen, wo unsere Seele uns gern hätte.

Dieses Kapitel enthält

- eine einfache Erklärung, wie Meditation auf unser Gehirn und unsere Fähigkeit einwirkt, unser Leben zu verändern,
- Hinweise, wie man falsche Vorstellungen vom richtigen Meditieren loslassen kann,
- verschiedene vorteilhafte Meditationsformen.

Meditation dient der Eigenkorrektur

Viele unserer unverdauten Erfahrungen sind irgendwo in uns gespeichert. Normalerweise nehmen wir uns nicht genug Zeit für uns selbst. Wir müssen Terminpläne einhalten und uns um wichtigere Dinge kümmern, als unsere Gefühle, Emotionen und Gedanken zu hätscheln. Meditation nimmt uns überhaupt nichts weg. Uns bleibt immer noch genug Zeit für unser geschäftiges Leben. Aber durch regelmäßiges Meditieren scheint alles viel leichter und in einem für uns gesünderen Rhythmus zu fließen. Unser Leben funktioniert ja gar nicht besser, wenn wir versuchen, Dinge zu forcieren. Im Gegenteil: Je mehr Druck wir ausüben, desto mehr Widerstände und Hindernisse tauchen auf, die wir überwinden müssen. Entspannen wir uns aber, passt sich unser Umfeld an und spiegelt unseren entspannten Seinszustand wider.

Es fällt uns nicht immer leicht, das wie ein Affe umherspringende Gemüt zu beruhigen und die Stille zu genießen. Doch kann gerade das einfache Stillsitzen für einige Minuten eine wichtige Grundlage dafür sein, um unser Leben zu verbessern.

Wie wirkt Meditation auf das Gehirn und unsere Fähigkeit, das Leben zu verbessern?

Wir dürfen darauf gespannt sein, wie Meditation unser Gehirn verändert. Es ist wirklich beeindruckend, wie das Gehirn funktioniert und wie wir es beeinflussen und formen können. Im vorherigen Kapitel habe ich bereits erklärt, dass der präfrontale Cortex unser hilfreicher Verbündeter bei der Durchführung von positiven Veränderungen ist. Denn dort wird jene Energie aktiviert, die zur Entfaltung drängt.

Wissenschaftler rund um den Globus untersuchen derzeit, wie Meditation auf das Gehirn wirkt. Die Neuroforscherin Sara Lazar schildert in ihrer TED-Präsentation[18], wie Meditation tatsächlich und wissenschaftlich nachvollziehbar unser Gehirn verändert: »Die (bisherigen) Forschungen weisen darauf hin, dass längere Meditationspraxis im Zusammenhang steht mit veränderten Elektroenzephalogramm-Mustern (EEG), was wiederum ein Hinweis auf lang anhaltende Veränderungen in unserer Gehirnaktivität ist.«

In einer Studie in Harvard erläutert Britta Hölzl: »Es ist faszinierend, die Formbarkeit des Gehirns zu erkennen, und dass wir durch Meditation das Gehirn aktiv verändern, unser Wohlbefinden verbessern und unsere Lebensqualität steigern können.«

Eine weitere Studie der Universität von Kalifornien in Los Angeles (UCLA) stellte fest, dass die Gehirnleistung von Menschen, die über eine längere Zeit meditierten, im Alter besser war als bei Menschen, die nicht meditierten.

Ein anderer Teil des Gehirns ist der mediale präfrontale Cortex (mPFC), der auch als »Ich-Zentrum« bezeichnet wird. Ich nenne es lieber »Überlebenszentrum«, weil wir hier alle Informationen verarbeiten, die den Kampf- oder Fluchtreflex betreffen.

Immer wenn wir ängstlich sind, uns vor etwas erschrecken oder im Körper etwas spüren wie Kribbeln, Schmerzen oder Jucken, glauben wir, dass es ein Problem gibt oder dass unsere Sicherheit gefährdet ist.

Dieser Teil des Gehirns veranlasst uns, Dinge zu persönlich zu nehmen, was leicht zu negativem Denken führen kann, zu unnötigen Sorgen, einer übertriebenen Ängstlichkeit oder zu Niedergeschlagenheit. Unser nicht trainiertes Gehirn erlaubt es dem »Ich-Zentrum«, alle möglichen Informationen aufzunehmen und zu verarbeiten, ohne sie zu bearbeiten und einzuordnen, denn das »Ich-Zentrum« richtet sich in erster Linie auf unser Überleben aus.

Wenn wir jedoch regelmäßig meditieren, stellen sich verschiedene wunderbare Dinge ein. Die Verbindung zwischen dem »Ich-Zentrum« und jenem Zentrum, das für unsere Ängste und körperlichen Empfindungen zuständig ist, bricht in sich zusammen und verschwindet. Das bedeutet, dass das »Ich-Zentrum« nicht mehr länger mit allen Informationen darüber bombardiert wird, was in unserem Leben oder in unserer Umgebung geschieht.

Unser Gehirn lernt zu unterscheiden zwischen Gefühlen und den Erfahrungen, die wir machen. Die Neuronenverbindungen, die bisher unangenehme oder beunruhigende Empfindungen mit dem »Ich-Zentrum« verlinkt hatten, werden verringert.

Durch Meditation gelingt es uns, Stress, Sorgen und Ängste nicht allzu sehr zu beachten, da wir die Verbindung zwischen den nicht hilfreichen Anteilen unseres »Ich-Zentrums« und dem Angstbereich allmählich auflösen.

Wenn wir meditieren, verändern wir unser Gehirn tatsächlich, und damit wenden wir auch unser Leben zum Besseren. Wir trainieren unseren präfrontalen Cortex, sodass unser Gehirn die Fähigkeit entwickelt, die Veränderungen zu bewältigen, die wir anstreben. Genau um diese Wirkung geht es. Der tiefere innere Friede, Mitgefühl und Liebe sind willkommene Nebeneffekte unserer Meditationsübungen.

Lösen wir uns von allen falschen Vorstellungen, wie man »richtig« meditiert. Anders gesagt: Fang einfach an!

Wir müssen nicht jedes Mal, wenn wir meditieren, in Glückseligkeit schwelgen, um etwas von der Meditation zu haben. Vielleicht sitzen wir manchmal einfach nur schweigend da und glauben, unsere Zeit zu verschwenden. Wir profitieren aber schon von unserer stillen Kontemplation, wenn wir erkennen, dass wir nicht unsere Gedanken *sind*.

Verstricke dich nicht in das »Wie«.

Viele Leute lassen sich in die Methode selbst verstricken und verlieren dann rasch das Interesse. Die perfekte Meditationshaltung oder das beste Meditationskissen machen dich nicht »erfolgreicher« oder produktiver in deiner Meditation, als wenn du auf deinem Stuhl oder deiner Couch sitzt. Ich empfehle allerdings, sich nicht hinzulegen, weil man dann doch zu gern einschläft – und das hat für unser Gehirn eine ganz andere Wirkung als jene, um die es uns hier geht.

Mach Meditation zum Teil deines Tagesablaufs

Reserviere dir jeden Tag 15 bis 20 Minuten, um dich still hinzusetzen und abzuwarten, was geschieht. Wenn du zu den wirklich total beschäftigten Menschen gehörst, die vermeintlich keine freie Minute am Tag haben, dann steh etwas früher auf. Es lohnt sich.

Besorge dir eine Meditationsuhr

Du kannst eine Meditationsuhr auf dein Handy herunterladen, um damit deinen eigenen Rhythmus zu bestimmen. Man kann meist die Zeit zwischen einer Minute und mehreren Stunden einstellen. Achte darauf, einen Klang auszuwählen, der dir angenehm ist.

Stelle sicher, dass du ungestört bist

Schließe die Tür und stell dein Telefon und alle elektrischen Geräte ab. Diese Zeit gehört ganz dir. Du verdienst sie.

Wähle die richtige Meditationsform

Nicht jede Meditation passt für alle. Vielleicht musst du erst einmal verschiedene Methoden ausprobieren, bevor du dich für eine spezielle Meditationsform entscheidest. Im nächsten Abschnitt findest du einige sehr wirkungsvolle Meditationsübungen.

Richtig oder Falsch gibt es nicht

Wenn du still sitzt, machst du es richtig. Es gibt keine perfekte Meditationshaltung. Sei einfach froh, dass du meditierst.

Ja, dein Gemüt wird wandern

Manchmal wird der Kopf ganz verrückt, wenn du anfängst zu meditieren. Das ist in Ordnung. Du machst nichts falsch. Denke daran, dass du nicht Gemüt und Verstand bist und dass du definitiv auch nicht deine Gedanken bist.

Du bist so viel mehr. Werde zu einem Beobachter deiner Gedanken und begrüße sie wie gute alte Freunde. »Aha, da ist mein alter Freund Einsam, Wütend, Traurig, Armselig oder Verzweifelt wieder.«

Diese Emotionen sind schon so lange bei dir gewesen. Sie melden sich, um dir zu zeigen, was du *nicht* bist. Nimm sie zur Kenntnis, akzeptiere sie, und wenn sie stimmig sind, dann segne sie mit Liebe. Alles, was wir ablehnen, wird beharrlich bleiben, aber was wir liebevoll annehmen, wird sich in Liebe auflösen. Segne alle Gedanken, die aufsteigen, mit Liebe und einem Lächeln.

Vielleicht zucken deine Muskeln oder bewegen sich etwas

Das ist ein gutes Zeichen, weil dein Körper dadurch Spannungen löst. Unser Körper neigt dazu, Information über ungelöste Erfahrungen und Traumen in den Zellen zu speichern. Durch die tiefe Entspannung bei der Meditation lösen wir diese Informationen aus unserem Körper. Dazu muss man gar nicht tiefer graben und versuchen, das Wie und Warum zu ergründen. Sei dir einfach nur klar darüber, dass etwas gelöst wird, und lass es einfach los. Du brauchst dieses Trauma nicht mehr.

Gähnen oder Seufzen

Das geschieht häufiger, wenn sich unsere Atmung rasch verändert. Unser Zwerchfell entspannt sich meist in der Meditation. Deshalb atmen wir tiefer und manchmal lösen wir Spannungen durch Gähnen oder Seufzen.

Ich glaube sehr an die heilsame Kraft von Gemeinschaft

Suche einen Freund oder eine Freundin oder eine Gruppe, damit du mit jemandem gemeinsam meditieren kannst. Das könnte eine Zen-Gemeinschaft oder eine tibetische Gruppe in deiner Nähe sein, eine Onlinegruppe oder sogar jemand, mit dem du über Skype verbunden bist. Immer, wenn wir die Unterstützung von anderen erleben, erhöht sich unsere Schwingung automatisch. Auch das bekannte Bibelwort ermuntert uns dazu: »Denn wo zwei oder drei in meinem Namen versammelt sind, da bin ich mitten unter ihnen.«[19]

Sei stolz auf dich

Du tust etwas wirklich Gutes für dich selbst. Es ist durchaus möglich, dass es keine unmittelbar sichtbare »Belohnung« gibt, aber die langfristigen Wirkungen von Meditation sind enorm. Du verdienst es, dass du dein eigenes Leben in der Hand hast.

Hilfreiche Meditationsmethoden

Bis Zehn zählen

Fangen wir mit einer der einfachsten Techniken an. Das ist eine wundervolle Meditationspraxis, um uns nicht weiter ablenken und zerstreuen zu lassen. Wenn wir unsere Aufmerksamkeit auf unsere Atemzüge richten, entspannen wir uns automatisch.

Atemzüge zu zählen ist eine hilfreiche Methode, um bei der Meditation mehr Stabilität und Ruhe in unseren Geist zu bringen. Wir wollen ja vorübergehend die Welt beiseitelassen und auf sanfte Weise die üblichen Gedanken, Befürchtungen und Ängste lösen. Wir erreichen mehr Achtsamkeit, sind ganz in der Gegenwart, wach, bewusst und präsent.

- Suche dir einen ruhigen und friedlichen Ort, an dem du dich entspannen kannst und wo du dich sicher fühlst.
- Sitze bequem, wenn möglich mit aufrechter Wirbelsäule, und erlaube deinem Atem, leicht ein- und auszufließen.
- Erlaube dir einen Moment, bei dir zu sein und dich auf die Meditation wirklich einzulassen.
- Mit deinem ersten entspannten Einatmen zähle auf Eins. Lass dein Zählen auf dem Einatmen »landen« und bleibe einen Moment dort. Zähle mit der Ausatmung auf Zwei.

- Zähle im Geiste, also ohne zu sprechen:

Einatmen	–	Eins
Ausatmen	–	Zwei
Einatmen	–	Drei
Ausatmen	–	Vier
Einatmen	–	Fünf
Ausatmen	–	Sechs
Einatmen	–	Sieben
Ausatmen	–	Acht
Einatmen	–	Neun
Ausatmen	–	Zehn

Sobald du Zehn erreichst, beginnst du von Neuem. Es ist ganz natürlich, dass unser Geist etwas wandert, während wir zählen. Wenn du bemerkst, dass du vom Zählen abgekommen bist, dann bringe deine Aufmerksamkeit wieder auf Eins zurück und beginne erneut, bis Zehn zu zählen. Mach das immer so, wenn du feststellst, dass du abgeschweift bist.

Es ist keine »Strafe«, wieder von vorn anzufangen. Man kann dabei auch nichts falsch machen. Das Zählen ist ja ohnehin nicht unser »Endziel«. Unser Ziel ist es, unserem Geist Zeit und Raum zu geben, ruhig, friedvoll und offen für unser Bewusstsein zu sein. Das Zählen hilft uns dabei, dieses Ziel zu erreichen, ob wir nun auf Anhieb richtig zählen oder nicht.

Das Zählen erlaubt uns auch, in den Raum zwischen unseren geschäftigen Gedanken zu spüren. In diesem wunderschönen Raum wartet Bewusst-Sein auf uns.

Klangschalen-, Gong- oder Zimbel-Meditation

Mir gefällt die Meditation zum Klang eines Gongs mit am besten. Mein Gehirn ist inzwischen so an diese Übung gewöhnt, dass Geist und Körper sich umgehend entspannen, wenn ich irgendwo einen Gong höre.

Der Klang von Gongs oder auch Glocken usw. erzeugt ein Gefühl der tiefen Entspannung und des inneren Friedens. Es ist, als ob der sanfte Klang uns die Erlaubnis gibt, loszulassen und einfach zu sein. Das wiederum führt zu einer emotionalen Transformation, die unsere Spannungen lindert und Blockaden auflöst.

Das ist eine Meditation, die du leicht überall ausführen kannst.

- Ich empfehle, dass der Gong alle fünf Minuten einmal ertönt. Das gibt dir genug Zeit, in deine Atmung hineinzuspüren und zu entspannen, und es ist zugleich eine sanfte Erinnerung für deinen Geist, fokussiert zu bleiben und nicht abzuschweifen. Du findest solche Zeitgeber kostenlos auf YouTube, bei Google oder als Handy-App.
- Sobald du deinen Zeitgeber eingestellt hast, setze dich bequem hin und bleibe wach.
- Du kannst dich auf deinen Atem konzentrieren. Manche Menschen verwenden ein Mantra bzw. eine Affir-

mation, die sie mit jedem Atemzug wiederholen. Zum Beispiel: »Ich bin Liebe. Ich bin Kraft. Ich bin ein lebendiges Wunder.«
Immer, wenn der Klang ertönt, mache dir deine Gedanken und Gefühle bewusst.

- Bitte denke daran, dich nicht zu verurteilen, wenn deine Gedanken nicht so sind, wie du sie vielleicht gerne hättest. Gehe einfach wieder zurück zu deinem Atem oder deinem Mantra. »Ich bin Liebe. Ich bin Kraft. Ich bin ein lebendiges Wunder.«

Die Gong- oder Glockenmeditation oder eine ähnliche Klangmeditation ist ein sehr effektiver und erfüllender Weg, um Achtsamkeit zu entwickeln und unsere Meditationspraxis zu vertiefen.

Geführte Meditation

Wenn dein Verstand immer lauter oder sogar ungestüm wird, wenn du meditieren möchtest, kann dir vielleicht eine geführte Meditation dabei helfen, Körper, Geist und Seele zu entspannen.

Manchmal ist es einfacher, feine Empfindungen wahrzunehmen und zu entspannen, wenn wir uns vorübergehend auf eine andere Person verlassen. Es ist außerdem eine Gelegenheit, Anleitungen von erfahrenen Meditationslehrern und -lehrerinnen zu folgen.

Eine kundig geführte Meditation bringt neue Sichtweisen und spirituelle Inspirationen, um unsere geistige Entwicklung zu fördern und tiefere Einsichten zu gewinnen. Wir sind ja an allem interessiert, was unserem Gehirn hilft, gesündere, bessere Muster und Lebenseinstellungen zu entfalten.

Es ist wichtig, dass wir uns bei der Meditation bequem und entspannt fühlen. Richte deine Aufmerksamkeit darauf aus, ein Gefühl der Resonanz mit dem Stil, den Suggestionen und der Stimme des Sprechers zu empfinden. Die sanfte und fürsorgliche Schwingung einer Stimme kann uns helfen, uns tiefer zu verbinden.

Klammere dich nicht an eine bestimmte Meditationsform. Es ist in Ordnung, wenn wir Lieblingsmeditationen haben, aber wir sollten darauf achten, selbstermächtigt zu sein und nicht von einer bestimmten Methode oder einer einzigen Person abhängig zu werden. Jede Person, die Meditationsanleitungen anbietet, kann uns nur an etwas erinnern, das wir bereits wissen. Wenn wir gerne Hilfe annehmen, um diese Anteile in uns zu wecken, bedeutet das nicht, dass wir einen Guru bräuchten. Bitte denke daran, dass du die höchste Kraft in deinem Leben bist. Wir sind das Wunder!

Zu meinen Lieblingsmeditationen gehören die Achtsamkeitsübungen von Thich Nhat Hanh. Sie sind einfach, bieten neue Perspektiven und Gedankenmuster an und besitzen eine hohe Schwingung.

Auf YouTube und anderen Suchmaschinen findest du viele gute Meditationen, die meistens kostenlos und leicht auszuführen sind. Deine Suche nach der für dich richtigen Meditation möge dir Freude bereiten. Die für uns stimmige Meditation zu finden ist Teil unserer persönlichen Heilung.

Unser inneres Kind

»Das Leben ist gut.«

SPRICHWORT

Die Arbeit mit dem inneren Kind ist eines meiner Lieblingswerkzeuge zur Selbstermächtigung. Vermutlich, weil diese Arbeit so leicht zu verstehen und auszuüben ist und meist sofort eine emotionale Befreiung bewirkt.

Wenn wir über das »innere Kind« sprechen, meinen wir damit alles, was wir während unserer Kindheit erlebt und gelernt haben, besonders bis zur Zeit der Pubertät.

Meine erste Begegnung mit der Arbeit mit dem inneren Kind hatte ich, als ich mich mit dem Buch »Recovery of Your Inner Child« von Dr. Lucia Capacchione auseinandersetzte, das 1991 erschienen ist. In den frühen Neunzigerjahren des 20. Jahrhunderts war es noch ein weitgehend unbekannter mentaler Ansatz, mit unserem inneren Kind zu sprechen und es durch Trost und Liebe zu heilen. Inzwischen ist diese Methode recht verbreitet und bietet uns Erwachsenen eine wertvolle Hilfe, unser inneres Kind und die zahlreichen emotionalen Schwierigkeiten, die es noch in sich trägt, zu entdecken.

Wenn ein Kind in einem traumatisierenden Umfeld aufwächst, entscheidet es sich oft (unbewusst), sich sozial »normal« zu verhalten und alle negativen Gefühle zu verstecken, um so sein Überleben zu sichern. Jeder Schmerz, Missbrauch oder Scham werden geheim gehalten und verleugnet. Sehr oft sind sie so schmerzhaft und zerstörerisch für die Psyche des Kindes, dass es leichter ist, die Erinnerung daran völlig zu verlieren, als mit ihr zu leben und sich damit auseinanderzusetzen. Ein Teil der Seele des Kindes bleibt in dieser schlimmen Erfahrung verhaftet.

Im Erwachsenenalter, in dem es für einen außenstehenden Beobachter keinerlei sichtbare Anzeichen des Leides aus unserer Kindheit gibt, konfrontiert uns das Leben mit diesen blockierten Erinnerungen. Wie bereits erwähnt, wird unser unterdrückter Schmerz durch Zeit, Orte, Ereignisse oder Begegnungen wieder ausgelöst, die Reaktionen hervorrufen, die oft in keinem Verhältnis zu den Umständen stehen, mit denen wir es zu tun haben. Unangemessene Verhaltensweisen sind immer ein guter Indikator dafür, dass unser inneres Kind leidet und unbedingt liebevolle Zuwendung braucht.

Das Konzept des inneren Kindes ist real. Es existiert nicht physisch, sondern im übertragenen Sinn, und hat viel Macht über unsere unterbewussten Emotionen und Verhaltensweisen. Die verdrängte Ansammlung von Schmerz, Not und Scham sitzt auf dem Fahrersitz und hinter dem Steuerrad unseres Lebens, sogar schon vor unserem 3. Lebensjahr. Sie lenkt den Strom unseres Lebens, während wir auf dem Rücksitz angeschnallt sitzen und uns wundern, warum wir nicht dorthin gelangen, wo wir hin wollen.

Viele erwachsene Menschen bestimmen nicht über ihr eigenes Leben. Wenn Erwachsene nicht bewusst durch ihr Leben gehen, machen sie es dem emotional verletzten inneren

Kind möglich, ihren Erwachsenenkörper zu besetzen. Um es bildhaft auszudrücken: Stell dir ein fünfjähriges Kind vor, das im Körper eines Fünfzigjährigen herumrennt. Der Erwachsene trifft Entscheidungen, die auf die emotionale Intelligenz des ängstlichen inneren Kindes in ihm zurückgehen.

Wir müssen lernen, unser inneres Kind auf unsere Reise der Heilung mitzunehmen

Es wirkt sehr ermächtigend, wenn wir die Existenz unseres inneren Kindes anerkennen. Indem wir es beachten, schaffen wir ein sicheres Umfeld für uns selbst, um all das zu heilen, was geheilt werden muss. Zugleich senden wir ein Signal an das Universum, dass wir bereit sind, jene schmerzlichen Dinge zu heilen, die uns in unserer Kindheit widerfahren sind. Mit dieser Würdigung kann die Heilung für das Kind und den Erwachsenen beginnen.

Es ist enorm wichtig, eine Beziehung mit unserem inneren Kind aufzubauen. Wir können nicht einfach erwarten, dass der kleine Junge oder das kleine Mädchen immer für uns da sind. Denn immerhin war das innere Kind ja viele Jahr lang im Dunkeln versteckt. Es braucht Zeit und Geduld, um Kontakt mit ihm aufzunehmen. Manchmal hat es einfach zu viel Angst, sich zu melden, und dann muss es achtsam »überredet« werden, aus seiner Isolierung herauszukommen. Es muss sich erst einmal sicher fühlen und begreifen, dass es uns jetzt wirklich vertrauen kann.

Sobald wir uns emotional mit unserem inneren Kind verbinden, kommt es öfters vor, dass Gefühle auftauchen, die wir jahrelang mit uns herumgetragen haben. In diesen früheren Erlebnissen stecken Ärger, Wut, Hass und viel Kummer und Schmerz.

Ich möchte dir zwei Übungen vorstellen, die dir dabei helfen werden, solche Gefühle anzunehmen und dich auf gesunde Weise davon zu befreien. Du kannst diese Übungen machen, wenn du dich mit deinem inneren Kind verbinden und du ihm liebevolle Zuwendung widmen möchtest oder wenn du spürst, dass starke Emotionen aufsteigen, mit denen du auf eine angemessene Weise umgehen willst.

Beide Übungen kannst du auch auf meinem YouTube-Kanal anhören:

http://www.gabrielleorr.com/lass-wunder-geschehen.html

Übung 1

Suche dir einen geschützten und ruhigen Platz aus, wo du ungestört sein kannst, und begrüße dein inneres Kind. Teile ihm mit, dass du gerne helfen möchtest, einen der alten Schmerzen zu heilen, und lächle es liebevoll an.

Dann denke an die Situation, um die es jetzt geht, die dich sehr bewegt oder wütend gemacht hat. Geh in diese Gefühle noch ein bisschen tiefer hinein, ohne dich darin zu verlieren. Erlaube dir, deinen Schmerz wieder ganz zu spüren, aber immer im Bewusstsein, dass du jetzt sicher und geschützt bist. Wenn du zu Ärger und Leid, die du gerade erst erlebt hast, Kontakt aufgenommen hast, frage dich: »Wann habe ich diese Gefühle zum ersten Mal erlebt, soweit ich mich erinnern kann?«

Bitte vertraue deinen Erinnerungen, Bildern und Emotionen, die diese Frage für dich erscheinen lässt. Beobachte deine vergangenen Erinnerungen und schau dir selbst als Kind von einst zu.

Wie alt warst du, als du zum ersten Mal dieses Gefühl erlebt hast?

Wie fühlt sich der kleine Junge oder das kleine Mädchen dabei?

Sag deinem inneren Kind, dass es jetzt sicher und geschützt ist und nicht mehr länger leiden muss. Frag dein inneres Kind, ob es neben dir oder auf deinem Schoß sitzen möchte. Erlaube ihm, dort zu sein, wo es sich am wohlsten fühlt. Dann schau in seine Augen und mache dir seine Emotionen bewusst.

Was hast du in den Augen deines inneren Kindes gesehen? Ist es ängstlich, traurig, einsam, wütend, beschämt oder vielleicht peinlich berührt?

Nimm die Gefühle war und sage dem Kind sanft, dass du es liebst. Versichere ihm immer wieder, dass es geliebt wird, dass es sicher, geschützt und umsorgt ist. Kommuniziere liebevoll mit dem verletzten Kind und tröste es geduldig.

Schau dann erneut in seine Augen. Was siehst du jetzt darin? Ist das Kind immer noch traurig, einsam, wütend oder beschämt oder fühlt es sich schon ein bisschen besser?

Lade das Kind ein, dir zu sagen, warum es traurig ist. Lass es wissen, dass es dir ruhig seine Geschichte erzählen kann, ohne etwas befürchten zu müssen.

Bitte fahre fort, dem Kind immer wieder zu sagen, dass es geliebt ist, bis du Frieden und Liebe in den Augen des Kindes erkennen kannst. Hilf dem Kind sanft, sein eigenes Selbstvertrauen wieder aufzubauen.

Wenn du sicher bist, dass die Emotionen vergangen sind und sich das Kind geliebt und umsorgt fühlt, dann nimm es mit auf eine Reise in dein heutiges Leben. Lass dein inneres Kind sehen, wie schön dein Leben jetzt ist. Nimm es auf eine Tour mit in dein Haus, zu deinen Beziehungen, an den Arbeitsplatz, zu Freunden, zu deinen Hobbys und so fort. Nimm dieses erneuerte Wesen mit und mache es mit deinem jetzigen Leben vertraut.

Wenn ihr beide euch in deinem jetzigen Leben wohlfühlt, reise weiter in die Zukunft. Dein zukünftiges Selbst ist genauso real wie dein inneres Kind. Such dir ein besonderes Ereignis aus, vielleicht den nächsten runden Geburtstag, und begrüße dein zukünftiges Selbst. Erlaube ihm, dein inneres Kind und dich auf eine Reise in dein künftiges Leben mitzunehmen. Besuche dein schönes, liebevolles Heim, beobachte, wie wunderbar deine Beziehungen sind, wie erfüllend deine Berufung ist und wie viel Freude du in deinem zukünftigen Leben erfährst.

Wenn du das Gefühl hast, deine Reise beendet zu haben, kannst du in die Gegenwart zurückkehren. Versichere deinem inneren Kind noch einmal, wie sehr du es liebst und dass du von jetzt an in ständigem Kontakt mit ihm bleiben wirst. Entspanne dich dann und spüre den Frieden in deinem Geist und in deinem Herzen.

Alles ist gut, so ist es.

Übung 2

Die zweite Übung hat sich für mich bewährt, um versteckte Familienverstrickungen zu entdecken. Häufig fühlt sich unser inneres Kind verpflichtet, seine Familie zu lieben, und hat deshalb Schwierigkeiten, die anderen aus einer ermächtigten Perspektive heraus so zu sehen, wie sie sind.

Finde einen geschützten und ruhigen Platz, an dem du nicht gestört wirst, und begrüße dein inneres Kind freundlich. Sag ihm, dass du ihm helfen möchtest, einige der alten Schmerzen zu heilen, und lächle es liebevoll an.

Dann sieh dich selbst als Kind in der Schule im Alter von knapp zehn Jahren. Wenn die Glocke klingelt oder der Lehrer das Ende der Stunde verkündet, ist die Schule vorbei, und du siehst dich nach Hause gehen. Vielleicht fährst du mit dem Bus, mit dem Zug oder gehst zu Fuß.

Du gehst nicht gleich in dein Zuhause, sondern schaust durch ein Fenster hinein.

Was siehst du?

Siehst du mehrere Menschen oder vielleicht nur deine Mutter oder deinen Vater?

Welche Energie strahlt die Szene in deinem Heim aus?

Wie fühlst du dich mit dieser Energie?

Da du ja weißt, dass du jetzt an einem sicheren Ort bist, erlaubst du deinem inneren Kind, die Gefühle von damals jetzt wieder zu spüren.

Hast du vor jemandem Angst oder schämst du dich wegen irgendetwas?

Fühlst du dich würdig und wert, so geliebt zu werden, wie du bist?

Musst du ein besonders liebes Kind sein, um Zuneigung zu bekommen?

Sind die Menschen in deinem Zuhause glücklich, niedergeschlagen, ärgerlich oder vielleicht aggressiv?

Wie fühlen sich diese Menschen in Bezug auf ihre Finanzen?

Gibt es genug Geld, oder erlebst du das als ein Problem, um das immer wieder gekämpft werden muss?

Nimm all deine Gefühle an, auch wenn das schmerzhaft sein könnte. Wenn diese Gefühle auftauchen, fokussiere dich darauf, dein inneres Kind zu lieben. Lass dein inneres Kind wissen, wie stolz du bist, dass es dir dabei hilft, diese Gefühle endlich zu heilen. Du brauchst jetzt nicht mehr an irgendwelchen dir bewussten oder unbewussten Verletzungen aus der Kindheit festzuhalten. Du bist jetzt frei, ein glückliches und erfülltes Leben zu erschaffen.

Wenn sich das für dich stimmig und sicher anfühlt, kannst du nun in das Haus hineingehen und dir vorstellen, dass du so willkommen geheißen wirst, wie du es dir wünschst. Du spürst Liebe und Freude, während du in deinem Zuhause umhergehst und dich mit jedem austauschst und alles wahrnimmst, was dort ist. Jeder spricht in Liebe mit dir und behandelt dich liebevoll und voller Anteilnahme. Alle deine Bedürfnisse und Wünsche werden erfüllt, mehr und besser, als du es dir jemals vorstellen könntest.

Dann lade dein inneres Kind ein, dich in deinem jetzigen Leben und in deinem gegenwärtigen Zuhause zu besuchen. Bitte dein inneres Kind, seine neuen Erkenntnisse mit dir zu teilen und dir zu erlauben, alles zu verstehen. Lass das innere Kind dir Vorschläge machen, wie du dein jetziges Leben ändern und verbessern könntest.

Welche falschen Glaubensmuster aus der Kindheit musst du heute loslassen?

Welche leidvolle Erfahrung kannst du jetzt heilen?

Was kannst du verändern oder neu integrieren, um im Jetzt ein ausgeglichenes Leben zu kreieren?

Sieh, wie dein inneres Kind liebevoll seine neu gefundene Weisheit mit dir teilt. Ihr vollzieht zusammen alle notwendigen Veränderungen in deinem Leben. Alles fühlt sich friedlich und befreiend an.

Du bist wahrhaft im Frieden. Du lächelst und atmest leicht.

Das Leben ist gut.

Obwohl wir frühere Erfahrungen nicht ungeschehen machen können, können wir sie heilen und ihre

Umklammerung lösen. Wenn wir ein reifer und authentischer Erwachsener sind, dann gehört dazu auch der Mut, uns die Ursachen für vergangenes Leid anzusehen, und alle verfügbaren Werkzeuge zu nutzen, um unser ganzes Potenzial zur Selbstheilung zu entfalten.

Ich bin überzeugt, dass ihr beide, du und dein inneres Kind, ein wunderschönes Morgen erschaffen könnt. Du verdienst es – und so ist es. Amen.

Gehirnwellen-Meditation

»Jeder Vorgang,
der deine Wahrnehmung verändert,
verändert deine Gehirnwellen.«
Akasha-Chronik, Gabrielle Orr

Was sind Gehirnwellen?

Wie wir die Welt sehen und unsere Emotionen und Gefühle im Laufe des Tages verdauen, wird dadurch bestimmt, wie die verschiedenen Bereiche des Gehirns die Informationen verarbeiten. Die Ergebnisse erzeugen eine Schwingung, die jeden Teil unseres Körpers erfasst und unsere Fähigkeiten, nur zu überleben oder zu gedeihen, stärkt oder schwächt. Das nennt man die Körper-Geist-Verbindung. Damit ist gemeint, dass buchstäblich jeder Gedanke, den wir denken, Gesundheit oder Krankheit fördert, Wohlstand oder Mangel und Liebe oder Hass.

Mit anderen Worten: Unser Gehirn ist alten Mustern verhaftet, und je nachdem, ob wir daran arbeiten, diese Muster zu verändern, werden wir eine Persönlichkeit haben, die das Glas entweder als halb voll oder alles als halb leeres Glas ansieht.

Unser Gehirn übermittelt alle Informationen durch elektrische Impulse, die von einem Neuron an das nächste übertragen werden. Dieser Vorgang erzeugt Gehirnwellen, die uns entweder nutzen oder schaden. Da sie unterschiedliche Frequenzen haben, können wir sie messen und Techniken anwenden, um die Schwingung an unsere Wünsche anzupassen.

Damit du das besser verstehst, gebe ich dir einen kurzen Überblick über die verschiedenen Gehirnwellen. Diese Erklärung ist stark vereinfacht und gibt natürlich nicht die gesamte Komplexität des Themas wieder.

Alle Gehirnwellen verändern sich entsprechend unserer Erfahrungen und Gefühle. Sind wir erschöpft, ausgelaugt oder träge, sind unsere Gehirnwellen sehr kurz. Höhere Gehirnwellenfrequenzen werden aktiviert, wenn wir wach und motiviert sind.

Gehirnwellen misst man mit der internationalen Einheit für Frequenz in Hertz (Hz). Sie gibt die Anzahl der Impulse pro Sekunde an. Die Gehirnwellen werden in verschiedene Frequenzbereiche eingeteilt.

Delta-Gehirnwellen haben eine niedrige Frequenz (3 Hz). Sie kann für unseren Körper sehr günstig sein, weil in diesem Schwingungszustand Heilung gefördert wird. Delta-Gehirnwellen setzen Anti-Aging-Hormone frei, einschließlich Melatonin und DHEA (Vorstufe von männlichen und weiblichen Sexualhormonen). Außerdem wird unsere Hypophyse (Hirnanhangdrüse) angeregt, wenn Delta-Gehirnwellen aktiv sind, was die Produktion des Wachstumshormons HGH fördert, das auch als Anti-Aging-Hormon gilt. Es hält die Haut elastisch, stärkt Knochendichte, Knorpel und Gelenke.

Delta-Wellen können auch einen besonderen Zustand der Empathie, des Verständnisses und des Mitgefühls für andere erzeugen. Außerdem ist es verantwortlich für einen Zustand tiefer Entspannung, Heilung, spirituelle Verbindung und Verbindung zu unserem Unterbewusstsein. Delta-Gehirnwellen wirken sich positiv auf alle aus, die positive Ergebnisse in den oben genannten Bereichen erreichen möchten.

Theta-Gehirnwellen reichen von 3 Hz bis 8 Hz. Sie stellen sich meist im Schlaf und in tiefer Meditation ein. Viele Menschen, die sich damit befassen, meinen, dass man im Theta-Zustand tiefe spirituelle Verbundenheit und Einheit mit dem Universum erfahren kann. Wissenschaftlicher, die für Spiritualität offen sind, vertreten die Meinung, dass wir uns mit dem vereinheitlichten Feld und somit auch mit dem Akasha-Feld am besten dann verbinden können, wenn unser Gehirn im Theta- und im Alpha-Zustand ist.

Die Anregung von Theta-Gehirnwellen kann von großem Nutzen sein, um Stress abzubauen. An der Universität von Stanford (Kalifornien) hat man entdeckt, dass Theta-Gehirnwellen Angst signifikant reduzieren können. Sie verstärken ebenso unsere Kreativität, die Lern- und die Merkfähigkeit. Wenn du leichter und stressfreier lernen möchtest, wirst du von der Stimulation deiner Theta-Gehirnwellen profitieren.

Alpha-Gehirnwellen sind zwischen 8 Hz und 12 Hz aktiv. Wir erleben einen Geistesblitz, einen Aha-Moment oder einen Intuitionsschub, weil für einen kurzen Moment ein Schwall an Alpha-Gehirnwellen durch unser Gehirn läuft. Wir können ganz bewusst mehr Alpha-Wellen erzeugen, um solche Aha-Momente zu erleben, wenn wir sie brauchen; wir müssen sie nicht dem Zufall überlassen.

Die Anregung durch Alpha-Wellen verbessert unsere Kreativität. Die Wellen signalisieren unserem Gehirn, dass es keine weiteren Stresshormone, sondern Heilhormone produzieren soll, die uns friedvoller und ruhiger fühlen lassen. Wir werden uns einer intuitiven Führung bewusst, die häufig von anderen Teilen unseres Gehirns behindert wird. Vor allem erlauben uns Alpha-Gehirnwellen, sehr gute Resultate für unsere Selbstverbesserung und unseren Reprogrammierungsprozess zu erreichen, weil wir für alle positiven Suggestionen empfänglicher sind.

Beta-Gehirnwellen reichen von 12 Hz bis 38 Hz und regulieren unseren normalen Wachzustand und unser Alltagsbewusstsein, wenn wir unsere Aufmerksamkeit auf kognitive Aufgaben und die Außenwelt richten. Sie werden auch dann ausgesendet, wenn wir wach und aufmerksam sind, aufgeregt, angespannt oder uns fürchten.

Diese Schwingung unterstützt uns bei extrem konzentrierter mentaler Aktivität, fördert die Aufmerksamkeit, lässt uns besser Probleme lösen bzw. Bewertungen und Entscheidungen treffen. Verstärkte Beta-Gehirnwellen lassen uns mehr Begeisterung in unserem Leben spüren, uns besser auf Ziele fokussieren, das Positive in unserem Leben steigern und sozialer sein.

Gamma-Gehirnwellen schwingen zwischen 38 Hz und 42 Hz. Sie wurden oft als »Gehirnrauschen« abgetan, bis Forscher entdeckten, dass sie bei Gefühlen von universeller Liebe und besonderer Mitmenschlichkeit aktiv sind. Eine Theorie besagt, dass Gamma-Wellen die Wahrnehmung und das Bewusstsein genauso steuern wie ein erweitertes Bewusstsein. Gamma-Gehirnwellen können uns dabei helfen, unsere spirituelle Bewusstheit zu erhöhen.

Welche Art von Gehirnwellen-Meditation ist gut für uns?

Es ist wichtig, dass wir die Gehirnstimulation auswählen, die unseren persönlichen Bedürfnissen bzw. Wünschen entspricht. Denn eine Überbelastung oder zu schwache Impulse in bestimmten Gehirnarealen können zu Ängstlichkeit, Schlaflosigkeit, Depression oder sogar einem chronischen Nervenleiden führen.

Bitte verstehen Sie mich richtig. Normalerweise erzeugt unser Gehirn diese Frequenzen bereits und produziert die negativen Folgen, ohne dass wir uns dessen bewusst sind. Wir wollen nun einfach die richtige Frequenz für unser jeweiliges Problem wählen, um dessen Wirkung auszugleichen und für Wohlbefinden zu sorgen.

Ich habe viele Gehirnwellen-Meditationen von YouTube oder kostenlosen mp3-Downloads gesampelt, kann sie jedoch nicht empfehlen, weil es sehr schwierig ist, sicher festzustellen, ob die angegebene Frequenz auch die richtige ist.

Die beiden folgenden Firmen bieten Gehirnwellen-Meditationen an, die ich persönlich ausprobiert habe. Bei beiden konnte ich positive Ergebnisse feststellen.[20]

Zwei Gehirnwellen-Meditationen, die ich empfehlen kann

Brainwave Research Institute

»Die gesetzlich geschützte Audio-Technologie führt dein Gehirn genau in den tiefen Gehirnwellenzustand tibetischer Mönche. Neuere Forschungen, die vom Dalai Lama unterstützt wurden, haben es der Wissenschaft möglich gemacht, die Frequenzen der Gehirnwellen aufzuzeichnen, welche tibetische Mönche in ihren tiefsten Meditationen erfahren.

Das Team des Brainwave Research Institutes hat diese Entdeckungen technisch nachgebaut und die exakten Gamma-Gehirnwellen-Zustände (erweitertes spirituelles Bewusstsein) in eine spezielle Audiotechnologie eingebettet, sodass jeder über Kopfhörer die tiefsten Meditationszustände erfahren kann.« http://www.brainwave-research-institute.com

Transparent Corporation

»Über 80 Jahre Forschung haben erwiesen, dass es möglich ist, Gehirnwellen durch nicht invasive äußere Stimulation wie Klang und Licht zu beeinflussen. Wir haben eng mit führenden Experten der audio-visuellen Stimulation zusammengearbeitet, um sicherzustellen, dass unsere Software immer auf dem neuesten wissenschaftlichen Stand ist und so wirksam wie möglich deine Ziele zu erreichen hilft.« https://www.transparentcorp.com

Wende bitte keinerlei Gehirnwellen-Meditation an, wenn du unter epileptischen Anfällen leidest oder einen Herzschrittmacher hast. Die wiederholten Töne könnten deine Gehirnwellen übermäßig anregen und negative Nebenwirkungen hervorrufen. Es wird auch ganz klar davon abgeraten, kleine Kinder Gehirnwellen-Meditationen machen zu lassen, da sich ihr Gehirn noch in der Entwicklung befindet und man die Auswirkungen nicht absehen kann.

Ich wünsche dir, dass dich deine Gehirnwellen-Meditationen dabei unterstützen, die volle Kapazität deines Gehirns zu nutzen, und dass es dir leichter wird, ein Energiefeld zu erzeugen, das deine Transformation begünstigt.

Stelle deine eigene Tonaufnahme her

»Wenn du die Geheimnisse des Universums entdecken möchtest, denke in den Begriffen von Energie, Frequenz und Schwingung.«

Nikola Tesla

Wäre es nicht schön, wenn wir unsere Lebenslektionen im Schlaf lernen könnten? Das ist interessanterweise in gewissem Maße nicht nur möglich, sondern sogar sehr hilfreich.

Als ich das erste Mal aus der AC für mich selbst die Mitteilung erhielt, ich sollte eine »Tonaufnahme« machen, habe ich das nicht ernst genommen. Nachdem ich dieselben

Mitteilungen für andere Klienten bekam, musste ich mir das näher ansehen und herausfinden, welche Wirkung subliminale Botschaften und Meditationen auf uns ausüben.

Subliminale Botschaften wirken immer unterhalb der Schwelle unseres normalen Bewusstseins. Sie sind gezielt so gestaltet, dass sie unsere mentalen Prozesse und unsere Verhaltensweisen beeinflussen. Subliminale Botschaften sind keineswegs leicht zu entdecken, sogar, wenn wir bewusst nach ihnen Ausschau halten. Reklame, Fernsehwerbung und sogar die Nachrichtensendungen berieseln uns laufend mit subliminaler Information. Wenn wir zum Beispiel in ein Kaufhaus gehen, sind wir Musik, Licht und einer speziell entworfenen Umgebung ausgesetzt, um uns mit ihren subliminalen Botschaften so zu manipulieren, dass wir Dinge kaufen, die nicht auf unserer Einkaufsliste stehen.

Wir können uns jedoch auch entscheiden, diese Wirkung von subliminaler Programmierung mit Botschaften, die unsere positiven Absichten unterstützen und die wir im Schlaf anhören, zu unserem Vorteil einzusetzen.

Mir ist klar, dass das für manche vielleicht nicht sehr »spirituell« klingt. »Muss ich denn nicht selbst etwas dafür tun?«, fragst du dich vielleicht. Das habe ich zumindest meine AC gefragt. Ihre Antwort war klar und einfach. »Nein, du musst nicht unbedingt auf der physischen Ebene irgendeine Arbeit leisten. Deine Intention setzt mehr Energie in Gang, als du je begreifen kannst. Eine Tonaufnahme positiver Affirmationen, die du laut sprichst, kann Berge versetzen. Du bist so machtvoll. Wir wollen dir helfen, deine wahre

Stärke effektiv zu nutzen. Nutze das von dir gesprochene Wort, um die gewünschten Ergebnisse zu erzielen.«

Wir können also unseren Geist neu programmieren, indem wir die von uns gesprochenen positiven und lebensbejahenden Botschaften anhören, während sich unser Gehirn in einem Theta- oder Delta-Gehirnwellenzustand befindet. Das ist der Tiefschlaf des Gehirns. In dieser Phase setzt der Körper auch heilsame Hormone wie HGH[21] frei. Während wir friedlich schlafen, können sich kraftvolle Veränderungen in uns vollziehen.

Es ist wichtig, dass wir schlafen, während wir unsere Tonaufnahme hören, weil wir sicherstellen wollen, dass die Veränderungen unser Alltagsbewusstsein umgehen und wirklich auf unser Unterbewusstsein einwirken.

Schon nach wenigen Tagen können wir subtile Veränderungen feststellen. Ich empfehle jedoch, die Aufnahme 28 Tage oder länger zu hören, weil dann eine dauerhaftere energetische Veränderung gesichert werden kann.

Drei Tipps für eine Tonaufnahme

1. Lege genau fest, was du möchtest und was du nicht möchtest. Beginne deine Tonaufnahme mit einer kurzen Entspannung, die dir hilft loszulassen, dich zu entspannen und gut einschlafen zu können.

Nimm ein Schutzgebet auf, zum Beispiel den ersten Satz des Gebets für die AC: »*Ich bitte Gott darum, sein*

Schild der Liebe und Wahrheit immer über mir zu halten, damit nur Gottes Liebe und Wahrheit zwischen dir und mir existiert.«

Diese Erklärung wird dein Unterbewusstsein programmieren, nur jene Botschaften auszusuchen, die deinem höchsten Wohl dienen.

Formuliere und schreibe 30 positive, gesunde und produktive Affirmationen für eines deiner Themen auf. Du kannst jedes beliebige Thema einsetzen, etwa Wohlstand, Gesundheit, Beziehungen, Erfolg, Selbstwertgefühl, Missbrauchsmuster oder Sucht, um nur einige zu nennen.

Wenn du dich entscheidest, meine Vorschläge zu übernehmen, wäre es sinnvoll, dass du sie an deine Bedürfnisse anpasst. Bitte verwende nur jene Affirmationen, die sich gut und stimmig für dich anfühlen und die mit deinem inneren Wesen im Gleichklang schwingen.

1. Ich akzeptiere meine gegenwärtigen Umstände und bin bereit, alle notwendigen Veränderungen vorzunehmen, um Wohlergehen für mich und alle Beteiligten zu kreieren.
2. Ich bin ausgesöhnt mit meiner Vergangenheit und allen Ereignissen, die zu meiner Situation jetzt beigetragen haben.
3. Ich bin in freudiger Erwartung und Dankbarkeit für alle positiven Veränderungen, die bevorstehen.
4. Meine Leben wendet sich zum Besseren, wenn ich auf meine positiven Vorstellungen und Ideen höre.

5. Ich nehme meine Probleme an und bin dankbar für all das, was ich daraus gelernt habe.
6. Ich bin eins mit der perfekten Lösung, die in vollkommener Harmonie mit meiner Seelenaufgabe ist.
7. Ich bin im Einklang mit dem vollkommenen Muster, denn ich verdiene es, dass es mir gut geht.
8. Gott möchte, dass ich meine derzeitige Situation annehme.
9. Gott möchte, dass ich … (gesund, wohlhabend, in einer guten Beziehung …) bin.
10. Ich liebe es, mein Leben für mich und für andere zu verbessern.
11. Mein Leben verbessert sich, wenn ich ganz bewusst mit der Quelle verbunden bin.
12. Jeden Tag werde ich kreativer.
13. Jeden Tag werde ich friedvoller.
14. Ich verstehe die Prinzipien des Lebens und richte mein Leben ohne Mühe nach ihnen aus.
15. Wenn ich einatme, bin ich im Frieden.
16. Wenn ich ausatme, bin ich im Frieden.
17. Ich bin vital und lebendig.
18. Ich habe alle Fähigkeiten, um mein Wohlbefinden zu erhalten.
19. Ich werde für das, wer ich bin, von meiner Familie, von Freunden, Kollegen und allen anderen geachtet.
20. Ich liebe mich als der/die, der/die ich bin.
21. Das Leben bringt mir alles, was ich brauche und möchte.

22. Ich bin dankbar für jede Unterstützung.
23. Ich weiß, dass ich gesegnet bin, und teile meine Segnungen gerne mit anderen.
24. Gutes existiert im Überfluss.
25. Ich kann loslassen. Das Universum kümmert sich immer um mich.
26. Gott liebt mich.
27. Ich liebe Gott.
28. Ich bin glücklich.
29. Ich bin gesegnet.
30. Alles ist gut – so ist es!

Wenn du möchtest, dass es dir materiell besser geht, könnten die Affirmationen so lauten:

1. Ich nehme meine jetzige finanzielle Situation an und bin bereit, alles Notwendige zu verändern, um für mich selbst und alle Beteiligten Wohlstand zu erschaffen.
2. Mit meiner Vergangenheit und allen Ereignissen, die zu meinem Mangel an Wohlstand beigetragen haben, bin ich im Frieden.
3. Ich bin voller Begeisterung und Dankbarkeit für alles Geld, das zu mir kommt.
4. Meine Leben verändert sich zum Besseren, wenn ich meine positiven Vorstellungen und Ideen anhöre.
5. Ich akzeptiere, dass ich früher Glaubensmuster über Armut hatte, und bin dankbar für alle Lektionen, die ich im Hinblick darauf gelernt habe.

6. Ich bin eins damit, wohlhabend zu sein, und alles Geld ist in perfekter Harmonie mit meiner Seelenaufgabe.
7. Ich bin im Frieden damit, reich zu sein, weil ich es verdiene, dass es mir gut geht.
8. Gott möchte, dass ich akzeptiere, wohlhabend zu sein, reich, in der Fülle und rundherum gut versorgt.
9. Gott möchte, dass ich reich bin.
10. Ich liebe es, meine Finanzen zu verbessern – für mich und für andere.
11. Meine Finanzen verbessern sich, wenn ich bewusst mit der Quelle verbunden bin.
12. Jeden Tag bin ich wohlhabender und wohlhabender.
13. Jeden Tag gelange ich mehr und mehr in die Fülle.
14. Ich verstehe die Prinzipien von Geld und kann leichthin alles erschaffen, was ich brauche und möchte.
15. Wenn ich einatme, nehme ich meinen wachsenden Wohlstand innerlich an.
16. Wenn ich ausatme, bin ich im Frieden mit meinem wachsenden Wohlstand.
17. Ich bin reich, vital und lebendig.
18. Ich verfüge über alle Fähigkeiten, um meine Finanzen zu erhalten.
19. Ich werde für das, wer ich bin, von meiner Familie, von Freunden, Kollegen und allen anderen geachtet.
20. Ich liebe es, reich zu sein.

21. Das Leben bringt mir mehr Geld, als ich brauche oder worum ich bitten kann.
22. Ich bin dankbar für meinen Wohlstand.
23. Ich weiß, dass ich mit Geld gesegnet bin und ich teile meine Segnungen gerne.
24. Es gibt keinerlei Mangel an Geld.
25. Das Universum hat immer mehr Geld für mich.
26. Gott liebt mich.
27. Mein Geld kommt von Gott.
28. Ich bin glücklich und gesegnet, so reich zu sein.
29. Ich bin gesegnet.
30. Alles ist gut – so ist es!

Egal, welches Problem sich gerade in unserem Leben zeigt: Es hat eine Botschaft für uns! Je mehr wir uns der Botschaft verweigern, desto lauter wird sie erklingen. Wenn wir das Problem aber ansehen und erkennen, dass es nur ein Bote ist, dann können wir es auch tatsächlich heilen. Unsere Probleme, egal, wie unangenehm sie vielleicht sein mögen, sind nicht wir selbst. Wir haben das Recht und die Kraft, jedes Problem in etwas zu verwandeln, das besser und fröhlicher ist.

Gerne wiederhole ich mich: Bitte finde deine eigenen Affirmationen, die stimmig für dich sind. Mach sie zu kraftvollen Aussagen, die das gewünschte Ergebnis unterstützen und nicht die Energie, in der du jetzt lebst.

2. Wähle eine Musik, die dein Gehirn in die Theta-Schwingung bringt, zum Beispiel:

- Tibetische Trommelmeditation – Theta-Gehirnwellen-Musik
- Air; Bach BWV 1068
- Arioso; Bach-Kantate BWV 156
- Adagio g-Moll; Albinoni/Giazotti

Einspielungen findest du über Google, bei YouTube, auf iTunes und anderen Musikportalen. Achte darauf, dass das Musikstück lang genug ist für alle deine Affirmationen.

3. Nimm deine Affirmationen zu Musik auf und wiederhole jeden Satz zweimal.

4. Stelle die Lautstärke der Aufnahme so ein, dass du auch dann einschlafen kannst, wenn sie noch läuft. Noch besser wäre es, wenn sich die Aufnahme am Ende automatisch abschaltet.

Es ist nicht ungewöhnlich, dass du bereits während der Arbeit mit den lebensverändernden Affirmationen eine Klärung oder Loslösung erlebst. Das ist wie bei jeder anderen Form des Heilens ein Teil der »Reise«. Wenn wir uns auf der mentalen, emotionalen, physischen und spirituellen Ebene von dem lösen, was uns nicht länger dient, erleben wir oft sehr viel Klärung und Entlastung. Die gute

Nachricht lautet, dass wir den neu geschaffenen Freiraum mit dem füllen, was wir wertschätzen und uns wünschen.

Ein Gedanke für Fortgeschrittene

- Für persönliche Readings ist »Air« von Bach meine Lieblingsmusik, weil ich sie erhebend und beruhigend zugleich empfinde.
- Für mich selbst arbeite ich üblicherweise einen Monat an einem Thema und gehe dann weiter zum nächsten.
- Die Themen, mit denen ich heute arbeite, haben nicht immer etwas mit mir als Person zu tun. Ich mache oft Tonaufnahmen für meine Familie, für Freunde oder Ereignisse in der Welt. Vor Kurzem wurde zum Beispiel bei drei meiner Freundinnen Krebs diagnostiziert. Ich mache dann eine Tonaufnahme und höre sie mir an. Wenn wir wirklich eine einzige Energie sind, woran ich glaube, dann kann ich als Stellvertreterin meinen Freundinnen in ihrem Heilungsprozess beistehen, indem ich auf eigene »kanzerogene« Gedanken, Gefühle und Verhaltensweisen achte.
- Manchmal ist die richtige Fragestellung nicht, ob wir uns während des Schlafs verändern oder nicht, sondern wenn wir wach sind oder wenn wir schlafen. Es gibt einige spirituelle Lehrer und Lehrerinnen, die uns darauf hinweisen, dass wir in Wirklichkeit oft tief schlafen, wenn wir vermeintlich wach sind. Sie führen uns sanft

in die Macht des Jetzt, des bewussten Augenblicks. Ich glaube, dass wir im Schlaf genauso mächtig sind wie zu jeder anderen Zeit. Mit anderen Worten: Das innere Wesen ist immer wach und bereit, auf unsere Absichten zu reagieren.

Vergebung

»Opfer gibt es auf beiden Seiten eines Schießeisens.«

AZIM KHAMISA

Würdest du mir glauben, wenn ich dir sagte, dass Vergebung die Macht hat, dein Wohlbefinden in jedem Lebensbereich zu verbessern, einschließlich deiner Finanzen? Vergebung macht es uns möglich, uns mit der unbegrenzten Fülle des Lebens selbst zu verbinden. Bei Vergebung geht es nicht nur um eine Reinigung und Klärung des Verstandes, nicht nur um die Heilung des Herzens oder darum, eine andere Person zu verschonen. Es geht auch darum, auf eine höhere Ebene des Bewusstseins zu gelangen, wo wir mehr wahrnehmen als das, was unser begrenzter Geist uns sehen und glauben lassen möchte. Mit diesem höheren Bewusstsein gewinnen wir mehr Einsichten aus göttlicher Perspektive, und wir können begreifen, worauf es in der menschlichen und in der ewigen Ebene wirklich ankommt.

Durch Vergebung können wir uns auch von emotionalen Träumen befreien. Denn tiefes mentales und physisches

Leid aus unserer Vergangenheit hält uns gefangen. Obwohl wir uns an schmerzhafte Erfahrungen deutlich erinnern können, sammeln sich auch leidvolle Lasten verborgen in unserem Unterbewusstsein an. Diese Leiden können dazu führen, dass ein Mensch »zu macht«, depressiv wird oder sogar in der einen oder anderen Form andere misshandelt.

Die wiederholte Verleugnung unserer nicht zum Ausdruck gebrachten oder nicht gefühlten Emotionen wie Scham, Schuld, Angst und häufig sogar Panik führt zu innerer und äußerer Spannung. Die Auswirkungen unserer nicht verarbeiteten Schmerzen lassen sich oft an unserer Körperhaltung ablesen, am Atem, an der emotionalen Intelligenz und der körperlichen Gesundheit.

Die Forscher Dr. Warren Jones und Dr. Tahleen Lawler an der Universität von Tennessee haben festgestellt, dass unterdrückter Ärger zu höherem Blutdruck führen kann. Wenn man jedoch vergeben kann, scheint sich das ganz allgemein günstig auf das Herz-Kreislauf-System auszuwirken.

Mit anderen Worten: Es schadet mehr uns selbst, wenn wir jemandem die Vergebung verweigern, und zwar auch noch lange nach dem eigentlichen Vorfall. Unsere Heilung beginnt, wenn wir uns darauf ausrichten, unsere Verletzung zu akzeptieren, dem anderen und auch uns selbst zu vergeben.

Mir ist klar, dass es die Leser und Leserinnen dieses Buchs mit unterschiedlichen Vergebungsthemen und Ebenen der Verzeihung zu tun haben. Manche ärgern sich vielleicht, weil das letzte Date noch nicht angerufen hat, während andere mit Misshandlungen oder Missbrauch in ihrer Kindheit kämpfen.

Die Schwere unseres Leids spielt dabei keine Rolle, weil jedes Festhalten an Ungerechtigkeiten, seien sie geringfügig oder schwerwiegend, unser Wesen auf dieselbe Weise zerstört. Ich bin noch niemandem begegnet, der nichts mehr zu lösen und loszulassen hätte. In diesem Sinne ist Vergebung eine Geschichte, die nie endet, egal wie spirituell »fortgeschritten« man sein mag.

Vergebung vollzieht sich zunächst nur auf einer inneren Ebene. Später kann sie reifen und sich auf einer äußeren Ebene manifestieren. Manchmal spüren wir Vergebung in unserem Herzen, aber halten dennoch eine gewisse Distanz zur anderen Person aufrecht. Wenn wir auf einer inneren Ebene vollständig vergeben, bringen wir dem anderen keine negativen Gefühle mehr entgegen. Wir können die Seele liebevoll segnen und sie und die mit ihr verbundene Erfahrung loslassen. Wir nehmen die Lektionen und das Wachstum aufgrund dieses Geschehens an und entscheiden, uns von allem negativen Karma zu befreien.

Die äußerliche Ebene der Vergebung kann nur dann erreicht werden, wenn die innere Vergebung stattgefunden hat. Wir wissen ja, dass wir alle manchmal Fehler machen oder im Unrecht sind. Äußeres Verzeihen bildet auch einen großen Teil der Selbst-Vergebung. Wenn wir auch äußerlich vergeben, geben wir dem Universum zu verstehen, dass wir die Idee des Lebens begriffen haben und das große

Ganze erkennen können. Das ist wirklich das Schönste, was wir für uns selbst tun können.

Wenn wir unsere abgewiesenen Gefühle akzeptieren, drückt unsere Seele ihr höchstes Potenzial aus. Um ganz und gar frei zu werden vom Schmerz, den wir in uns tragen, müssen wir unsere Emotionen zunächst einmal erkennen und verstehen, warum es sie gibt. Wir müssen sie dann annehmen und schließlich auf positive Weise freigeben.

Ich weiß, dass es sehr schmerzhaft sein kann, wenn wir uns unserem Leid stellen oder Themen des Verlassenwerdens. Aber es ist ein notwendiger Schritt für unsere Heilung, dass wir unsere Situation objektiv betrachten. Louise L. Hay pflegt zu sagen: »Was du fühlen kannst, kannst du auch heilen.« Das ist also ein wesentlicher Teil unseres Heilungsprozesses. Sonst werden unsere unterdrückten Gefühle auf andere Weise an die Oberfläche gelangen, und zwar so, dass sie unsere Lieben und uns selbst verletzen.

Manchmal müssen wir unseren Schmerz herausschreien. Dabei lösen wir eine Menge von Giftstoffen und Stresshormonen aus unserem Körper heraus – wir schreien sie sozusagen weg. Dr. William Frey II, ein Biochemiker am Ramsey Medical Center in Minneapolis, sagt, dass Schreien unseren negativen Gefühlen erlaubt, schädliche Chemikalien abzugeben, die sich in unserem Körper durch Stress aufgebaut haben.

Sei kreativ und bringe deine Gefühle durch Malen, Handwerk, Schreiben oder körperliche Bewegung zum

Ausdruck. Indem du etwas mit den eigenen Händen schaffst, setzt du abstrakte emotionale Energie frei und verwandelst sie in etwas Konkretes. Das Ergebnis ist eine sichtbare Erinnerung, dass du dich aktiv dafür entschieden hast, die alten, belastenden Gefühle loszulassen und dich auf etwas Besseres hinzubewegen.

Anderen vergeben

Vergebung ist der Beweis, dass wir reif sind, um zu akzeptieren, dass diese Welt nicht vollkommen ist. Viele Menschen meinen dann gleich, sie müssten mit dem einverstanden sein, was passiert. Das stimmt nicht. Wir müssen uns nicht damit einverstanden erklären. Wir müssen nur einverstanden sein, dass wir jetzt wollen, dass es wieder aus unserem Leben verschwindet. Manchmal bedeutet Verzeihen, dass wir einen Menschen lieben, auch wenn wir nicht alles lieben, was er oder sie getan hat.

Schau dir Vergebung einmal aus einer spirituellen Perspektive an. Wenn wir jemandem nicht verzeihen können, halten wir diese Energie in unserem eigenen Energiefeld lebendig und setzen uns dessen vergiftender Wirkung weiter aus. In der Folge kreieren wir immer wieder ähnliche Erfahrungen oder wir schädigen unbewusst unseren Körper, indem wir Spannung und Stress in bestimmten Körperzonen oder Organen speichern. Dadurch können sich Krankheiten entwickeln oder guten Menschen stoßen schlimme Dinge zu.

Wenn wir von Erinnerungen beherrscht werden, werden wir nur zu Marionetten der Vergangenheit. Wir müssen begreifen, dass unser Schmerz, der von jemand anderem verursacht wurde, nur uns selbst verletzt und schadet.

Nelson Mandela hat diese Weisheit während seiner langen Gefängnishaft entdeckt. Er verzieh den Menschen, die ihn 30 Jahre lang ins Gefängnis gesteckt hatten, weil sie seine Hautfarbe nicht akzeptierten. Jahre später, als er zum ersten schwarzen Präsidenten Südafrikas gewählt wurde, sagte er: »Ich hege keinen Groll. Groll ist, als ob man Gift trinkt und darauf wartet, dass der Feind davon getötet wird.«

Vergebung ist etwas, was du für dich vollziehst, nicht für andere. Es ist wirklich die freundlichste Sache, die wir für uns selbst tun können. Die andere Person verdient vielleicht nicht, ihr all den Schmerz, die Trauer und das Leiden zu vergeben, das sie uns möglicherweise sogar absichtlich zugefügt hat – aber wir verdienen es, von allem Bösen befreit zu sein.

Du kannst es dir auch so vorstellen: Du übergibst alles Leid und allen Schmerz an eine höhere Quelle, damit du frei wirst für bessere Dinge. Solange du am Leid festhältst und glaubst, dass du dadurch den anderen bestrafst, kannst du keinerlei Segnungen für dich selbst empfangen. Es gibt keinen Platz für neue, frische und gute Dinge in deiner Energie, bis du nicht das hässliche Geschwür loslässt.

Hier sind einige Übungen, die dir dabei helfen können, Schmerz loszulassen und dich durch Vergebung zu befreien.

- Wenn du visualisierst, wie Leid und Schmerz wegschmelzen, dann ist das ein Akt der Güte an sich. Diese Visualisierung kannst du zu einem Bestandteil deiner Meditation machen. Sobald du körperlich, seelisch und geistig ganz entspannt bist, stell dir vor, dass dir angenehm warm wird durch ein wunderschönes Sonnenlicht, das auf dich scheint. Die Sonne lächelt dir zu, »scannt« sanft dein Wesen und schaut, was du loslassen möchtest. Du kannst fühlen, wie jede Verletzung, jeder Schmerz und Groll geheilt werden, abschmelzen und sich im Universum auflösen. In der Folge fühlst du dich leichter und gelassener und du erlebst ein neues Gefühl von Freiheit. Alles passt in deinem Leben, und du fühlst dich im Frieden mit deiner Vergangenheit.
- Schreib alles, was du spürst und was du brauchst, in einem Brief nieder, damit du dir über deine eigenen Gefühle klar wirst – über deine Gefühle zu dir selbst, zur anderen Person und zum Universum. Verbrenne den Brief danach und mit ihm die alten Erfahrungen, bis er sich in Staub und Asche auflöst.
- Wirf dein Leid symbolisch fort. Das ist eine meiner Lieblingsübungen zur Vergebung. Sammle oder kaufe kleine flache Steine und schreibe deine Schmerzen darauf. Du musst ja nicht die ganze Geschichte dort niederschreiben. Ein Thema oder ein Name reicht aus. Dann nimm all die Steine in einem Rucksack mit auf eine kleine Wanderung hinaus in die Natur. Sobald du bereit bist, die schwere Last und die Steine, die symbo-

lisch für deine Verletzungen stehen, abzugeben, lässt du sie in ihrer natürlichen Umgebung. Du kannst sie in einen See, einen Bach oder in den Wald werfen. Lass sie einzeln los, einen nach dem anderen. Jeder Stein steht für einen Teil deiner Leiden, für Zorn oder Groll. Wenn du damit fertig bist, spüre bewusst die Leichtigkeit in deinem Herzen und in deinem Rucksack und gehe besseren und schöneren Dingen entgegen. Du kannst die Übung später wiederholen und dabei nur ein oder zwei Steine werfen.

- Wenn du mutig und tapfer genug bist, könntest du zwischen den dunklen Wolken sogar nach einem Silberstreif am Horizont schauen. Könntest du dir vorstellen, dass der Übeltäter jemand ist, der dir geholfen hat, dich weiterzuentwickeln? Wenn uns etwas zustößt, können wir entscheiden, ob uns das schwächt oder gar zerstört oder sogar stärker macht. Mach dir eine Liste aller nützlichen Dinge, die aus einer schmerzhaften Erfahrung entstanden sind. Vielleicht gab es jemanden, der dich getröstet hat. Vielleicht wurdest du selbst zu einem wahrhaft gütigen und mitfühlenden Menschen, weil du selbst Leid erlebt hast. Überlege bitte, ob du mindestens fünf positive Dinge findest, die dir helfen können, deine Energie zu verändern.
- Gebete haben die Kraft, Wunder zu erschaffen. Wenn wir beten, laden wir Gott ein, uns und unsere Absichten zu unterstützen. Manchmal möchten wir vergeben, wissen aber nicht wie. Das erkennen wir daran, dass

dieser Schmerz uns stärker beeinflusst als anderes, wir aber nicht wissen, wie wir ihn auflösen können.

Das folgende Gebet kann dich dabei unterstützen, jenen inneren Frieden zu erschaffen, nach dem du dich sehnst. Ich empfehle gern, dieses Gebet 28 Tage lang jeweils dreimal zu sprechen, bevor du zu Bett gehst. Dieses und auch andere Vergebungsgebete klären unsere Schwingung und heben uns in ein höheres Energiefeld. Zauberhafte Wunder werden sich in deinem Leben ereignen. Andere Menschen werden deine leichtere und lichtvollere Energie spüren und sich automatisch von dir angezogen fühlen. Wenn Vergebung geschieht, wird mehr Liebe in deinem Leben sein und weitere Segnungen folgen. Die Dinge, die du vom Leben gern haben möchtest, existieren nur in diesem Reich von Liebe und Licht.

Gebet zur Vergebung für dich und für andere

Wenn es jemanden oder etwas gibt,
das mich in der Vergangenheit verletzt hat,
bewusst oder unbewusst,
so vergebe ich und lasse los.
Wenn ich jemanden oder etwas
in der Vergangenheit verletzt habe,
bewusst oder unbewusst,
vergebe ich und lasse los.

Vergib dir selbst

Unsere Seele möchte Frieden. Vergebung ist eine wirklich anspruchsvolle emotionale Strategie, mit der wir gut für uns selbst sorgen. Außergewöhnliches emotionales Leid hat eine tief greifende Wirkung auf den Körper. Physische und emotionale Heilung kann dauern. Deshalb ist es wichtig, freundlich mit uns selbst umzugehen. Leider ist die Vorstellung, man sollte und könnte auch mit sich selbst fürsorglich umgehen, vielen Menschen noch ziemlich fremd. Hier einige Impulse, was es tatsächlich bedeutet, sich gut um sich selbst zu kümmern.

- Iss gut. Ich gehe auf das Thema in »Dein Körper ist dein Tempel« näher ein.
- Bleibe eine Zeit für dich und erlaube dir währenddessen, einfach nur zu sein. Wir richten uns allzu häufig allein auf das Tun aus und vergessen dabei, dass wir immer auch Zeit und Raum brauchen, um einfach nur wir selbst zu sein. Sein ist das Werkzeug schlechthin zur persönlichen Transformation, da wir dann mit unserer Seele kommunizieren können. Wenn wir im Dialog mit unserer Seele sind, gehen wir immer in die richtige Richtung.
- Denke beim Heilungsprozess immer auch an deinen Körper. Der Körper ist ein Speicher für unser Leid und unsere Schmerzen. Durch regelmäßige Bewegung und sportliche Übungen oder Fitnesstraining geben wir unserem Körper die Chance, gespeicherte Emotionen zu

entgiften und unser allgemeines Wohlbefinden zu verbessern.

- Richte deinen Blick auf die Schönheit der Welt. Natur kann eine Abkürzung zur Seligkeit und zum Göttlichen sein. Der Unterschied zwischen der Natur und uns Menschen ist, dass die Natur nicht drängelt, nicht forciert, irgendwelche Ziele erreichen, oder Resultate verbuchen will. Die Natur ist und entwickelt sich immer in der Gegenwart, im Augenblick, jetzt. Menschen widersetzen sich dem Augenblick und verleihen ihrem Denken eine lange Leine, um in die Vergangenheit oder die Zukunft auszureißen, was Depressionen oder Angst erzeugen kann. Die Beobachtung der Gesetze der Natur kann ein wunderbarer Weg für uns sein, um Frieden in der Gegenwart und allgemein in unserem Leben zu finden.
- Bewahre dir eine gesunde und objektive Lebenseinstellung. Egal wie tief unser Schmerz ist, die Welt dreht sich weiter und andere gehen ihren Alltagsgeschäften nach. Verleihe deiner Erfahrung einen Sinn, lerne aus ihr und heile sie. Denk daran, dass viele deiner Lieben mit dieser Erfahrung nichts zu tun haben und dass sie es verdienen, dass du weiterhin liebevoll mit ihnen umgehst.
- Hör auf, deine Leidensgeschichte zu erzählen (falls du dazu neigst). Du wirst jedes Mal deine schmerzlichen Erfahrungen wiederholen. Alles Negative erzeugt für dich eine deprimierende Realität. Es ist, als ob ein Pfahl

in den Boden getrieben wird, um dich dort festzuhalten, wo du gerade stehst. Halte jedes Mal inne, wenn du merkst, dass die alte Geschichte hochkommt. Atme tief durch und denke an etwas, das du morgen gern in deinem Leben hättest. Wenn du an das Alte denkst, ist das nur eine Garantie dafür, dass du es morgen wieder erlebst.

Inspirierende Beispiele für Vergebung

Ein bemerkenswertes und berührendes Beispiel ist die Geschichte meiner Klientin Melinda. Sie hatte drei Söhne. Vor ungefähr zehn Jahren war ihr jüngster Sohn vierzehn Jahre alt. Als er von einer Sommersegeltour zurückkam, stellte seine Mutter fest, dass er sich enorm verändert hatte. Er war nicht wie ihre älteren beiden Söhne, bei denen die Pubertät das Laute und Launische von Teenagern mit sich gebracht hatte, was für Jungen, die durch einen Hormonwechsel gehen, ja normal ist. Ihr jüngster Sohn schien deprimiert und hatte jedes Interesse am sozialen Miteinander verloren. Sie nahm sich viel Zeit, um ihn spüren zu lassen, dass er geliebt wurde, und sie wollte, dass es ihm gut ging. Schließlich offenbarte er ihr, dass er schwul sei. Melinda fühlte sich erleichtert. Sie und ihr Mann hatten immer schon vermutet, dass ihr jüngster Sohn etwas »anders« war. Aber die offen ausgesprochene sexuelle Orientierung ihres Sohnes war nichts, was sie beunruhigte. Sie wollten einfach nur, dass er gesund und glücklich war. Sechs Monate später nahm er sich das Leben. Später fand man heraus, dass er gemobbt und schikaniert worden war, weil er anders war. Der Hass und die ständigen Angriffe auf ihn trieben ihn in den Selbstmord. Die Teenager, die ihn gemobbt hatten, wurden verurteilt und mussten als Strafe Sozialstunden leisten.

Melindas ganze Familie war überwältigt vom Schmerz. Der Verlust des Sohnes und Bruders hatte eine Lücke erzeugt, die niemals mehr vollständig geschlossen werden konnte. Melinda setzte sehr viel Zeit und Kraft für Heilungs- und Vergebungsarbeit ein. Das führte sie schließlich dazu, den verurteilten Teenagern zu vergeben. Einer der Jungen, der heute 26 Jahre alt ist, arbeitet jetzt in Teilzeit in einer LGBTQ-Gemeinschaft[22], um sein Verhalten während der Pubertät wiedergutzumachen.

Täter haben oft einen extrem niedrigen Selbstwert. Indem sie andere ausgrenzen oder ihre vermeintliche Stärke durch Gewalt ausleben, stärken sie ihr Selbstbild und fühlen sich mächtiger. Ich finde, dass Täter für das bezahlen müssen, was sie anderen angetan haben, aber sie sollten auch die richtigen Mittel bekommen, um sich selbst zu heilen. Sonst drehen wir uns im Kreis und lassen andere leiden, um unser eigenes Unglück zu lindern.

Die folgende Geschichte stammt nicht von mir, aber sie hat mich tief berührt. Ich habe versucht, sie in meinen Worten nachzuerzählen, aber nichts kommt der Tiefgründigkeit von Azim Khamisa gleich, wenn er selbst berichtet. Hier ist die ursprüngliche Geschichte, die Azim auf seiner persönlichen Webseite mit uns teilt.[23]

»1995 wurde Azim Khamisas einziger Sohn Tariq, ein zwanzigjähriger Student, erschossen, als er in San Diego Pizza auslieferte. Sein Mörder, Tony Hicks, war erst 14 Jahre alt. Tony war der erste Teenager in Kalifornien, dem ein Gerichtsverfahren wie für einen Erwachsenen gemacht wurde, und er wurde mit 25 Jahren Gefängnis bestraft.

Als ich die Nachricht erhielt, dass Tariq tot ist, verließ ich gewissermaßen meinen Körper, weil der Schmerz einfach zu groß war. Es war, als ob eine Atombombe in meinem Kopf explodiert wäre. In meinem Geist fand ich keinen Trost, und so hielt ich mich als Sufi-Muslim an meinen Glauben. In den nächsten Wochen versuchte ich, mit der Hilfe von Gebeten zu überleben. Ich erhielt bald den Segen der Vergebung und gelangte zu der Erkenntnis, dass es an beiden Seiten einer Waffe Opfer gibt.

Tariqs Mörder hatte das Gesicht eines Kindes. Er war 14 Jahre alt und gehörte zu einer Straßengang, die ›Black Mob‹ hieß. Sein Gang-Name war ›Bone‹ (Knochen).

In meinem Glauben wirst du ermuntert, am vierzigsten Tag deine Trauer in gute Taten fließen zu lassen. Taten, die wie Hoch-Oktan-Benzin für die Reise der Seele vorwärts und aufwärts sind. Vierzig Tage sind keine lange Zeit, um den Tod deines Kindes zu betrauern, aber es war eines meiner Motive, die ›Tariq-Khamisa-Stiftung‹ zu gründen, eine spirituelle Währung für meinen Sohn zu schaffen und mir das Gefühl von Ziel und Sinn zu geben.

Gleichzeitig nahm ich Kontakt auf mit Ples Felix, dem Großvater und Vormund von Tony Hicks. Beim ersten

Treffen sagte ich Ples, dass ich gegenüber seinem Enkel keine Feindseligkeit hegte. Ples war schnell bereit, die zur Versöhnung gereichte Hand zu ergreifen. Wir sind sehr unterschiedlich. Ich trage einen Nadelstreifenanzug, und er hat Haare, die bis zur Hüfte reichen. Aber vom Augenblick unserer Begegnung an waren wir wie zwei Brüder. Wir haben ein gemeinsames Ziel. Wir glauben daran, dass in jeder Gewalttat die Chance steckt zu lernen, wie man kriminelle Akte verhindern kann. Tariq war ein Opfer von Tony, aber Tony war ein Opfer der amerikanischen Gesellschaft – und die Gesellschaft ist ein Spiegelbild von jedem Einzelnen von uns. Jedes Mal, wenn Ples und ich an Schulen sprechen, gibt es mir Hoffnung, die Verwandlung der Kids zu sehen, wenn sie unsere Geschichte hören.

Fünf Jahre nach der Tragödie traf ich Tony. Es war eine heilsame Begegnung. Er war freundlich, gut erzogen und voller Reue. Ich sagte ihm, dass auf ihn ein Job bei der Tariq-Khamisa-Stiftung wartete, wenn er aus dem Gefängnis käme.

Du verzeihst dir selbst, weil es dich voranbringt. Und die Tatsache, dass dies auch den Täter heilen kann, ist so etwas wie ein Sahnehäubchen obendrauf. Tony studiert jetzt im Gefängnis, und ich weiß, dass wir ihn retten werden. Und dann wird Tony Tausende anderer Kinder retten. Vor Kurzem habe ich einen Brief an unseren Gouverneur geschrieben mit der Bitte, Tonys Urteil umzuwandeln.«

Ples Felix erzählt die andere Seite der Geschichte:

»Tony ist das einzige Kind meiner Tochter. Er wuchs in den Straßen der Gewalt im Süden von Los Angeles auf. Mit acht Jahren erlebte er die Ermordung seines Cousins mit. Als meiner Tochter klar wurde, dass er immer mehr in die Gang verwickelt wurde, schlug sie vor, dass er bei mir leben sollte. Ich nahm die Möglichkeit, Tony wie meinen eigenen Sohn in San Diego aufzuziehen, gern wahr. Er hatte fünf Jahre lang bei mir gelebt, als die Tragödie geschah.

Am Anfang war alles ganz gut gelaufen, aber von der siebten Klasse an verbrachte Tony viel Zeit mit älteren Kids, die ihn auf Abwege führten. In der Nacht vor der Schießerei hatte ich ihm gesagt, dass er am Wochenende nicht aus dem Haus gehen dürfte, wenn er nicht vorher seine Hausarbeiten erledigte. Am nächsten Tag fand ich einen Zettel: ›Ich bin abgehauen. In Liebe, Tony.‹ Mein Gewehr fehlte auch.

Ich meldete Tony als vermisst und saß später vor dem Fernseher und sah in den Nachrichten, dass ein Pizzabote in North Park erschossen worden war. Zwei Tage später kam ich Tony auf die Spur und meldete mich bei der Polizei. Am Nachmittag erhielt ich einen Anruf von einem Beamten der Mordkommission: ›Mr. Felix, Ihr Enkel wird nicht mehr als vermisst geführt, sondern als Hauptverdächtiger in einem Mordfall.‹

Mich beutelten alle möglichen Emotionen: Wut, Scham und ein ungeheures Verlustgefühl. Ich fühlte mich auch schuldig, weil ich Tonys Vormund und damit auch verantwortlich für seine Handlungen war.

Tony war zornig: über frühere Misshandlungen und das Verlassenwerden, und darüber, mit einem strengen Großvater zu leben. Er hatte versucht, seiner Wut mit

Drogen und Alkohol zu begegnen. Später erzählte er mir, dass er an diesem Schicksalsabend mit älteren Mitgliedern der Gang herumgehangen war. Als ein Pizzabote kam und sich weigerte, die Pizza ohne Bezahlung auszuhändigen, rief einer der älteren Kids ›Knall ihn ab, Bone‹ und Tony zog den Abzug.

Vom Moment, als er festgenommen wurde, bis zum Tag der Urteilsverkündung hielt Tony ein vorgetäuschtes Draufgängertum aufrecht. Als er sich mit seinem Anwalt traf, warnte ihn dieser, dass es sehr ernste Folgen haben würde, falls Tony darauf bestehen sollte, seine Schuld nicht zu bekennen. An diesem Punkt drängte ich Tony, die Verantwortung für seine Taten zu übernehmen, auch um das Leid und den Schaden, den er der Khamisa-Familie zugefügt hatte, nicht noch zu vergrößern. Er brach zusammen und heulte. ›Es tut mir so leid, Daddy‹, schluchzte er. Ich hielt ihn und versuchte ihn zu trösten. Am nächsten Tag erwarteten fast alle, dass er seine Schuld abstreiten würde, aber Tony sprach sehr emotionale und reuevolle Worte, in denen er sich als schuldig bezeichnete, und er bat Mr. Khamisa um Vergebung.

Als wir drei uns im Gefängnis trafen, war es für Azim wahrscheinlich am schwersten. Danach sagte Tony zu mir: ›Das ist ein ganz besonderer Mensch. Ich habe seinen einzigen Sohn erschossen, und doch setzt er sich zu mir, macht mir Mut und bietet mir dann einen Job an.‹«

Zusammen mit Ples Felix verbringt Azim viel Zeit damit, die Vision der Tariq-Khamisa-Stiftung zu verbreiten: »Kinder abhalten, Kinder zu töten.«

Die meisten von uns wissen, wie es sich anfühlt, jemanden durch Tod zu verlieren.

Der Schmerz ist unglaublich. Viele Dinge, die unserem Leben vorher Sinn gaben, werden völlig bedeutungslos. In unserem Leben klafft ein Loch und unser Herz will nicht mehr heilen. Wir führen unseren Alltag weiter, funktionieren wieder in der Gesellschaft – aber tief drinnen in unserem Herzen spüren wir den Verlust des geliebten Menschen.

Ich habe mich so gefühlt, als ich jemanden in meinem Leben verloren hatte. Obwohl ich darüber nicht mehr spreche, denke ich doch fast jeden Tag an diesen geliebten Menschen. Die Energie ist unsichtbar und nicht direkt greifbar, aber doch ganz präsent. Wenn ich über Azims innere Stärke nachdenke, spüre ich in meinem Herzen Liebe und tiefe Hochachtung. Er konnte das Loch in seinem Herzen mit Liebe und Vergebung erfüllen. Er vergab nicht nur dem Mörder seines geliebten Sohnes, sondern bat die amtlichen Stellen sogar darum, ihn früher zu entlassen, damit er eine Arbeit in seiner Stiftung übernehmen kann. Wenn ich an Azim denke, fühle ich mich von seiner Weisheit inspiriert und komme einer tieferen Ebene von Vergebung und innerem Frieden näher.

Dich mit deinem Herzen verbinden

»Wenn du mit deinem Herzen verbunden bist,
bist du mit allem anderen verbunden.«

GABRIELLE ORR

Manchmal machen wir alles genau so, wie man es machen soll, und bekommen trotzdem nicht die gewünschten Ergebnisse. Wir arbeiten hart, befolgen alle spirituellen Gesetze und beten, dass der Seelenpartner bald auftauche, dass die Kunden unsere Produkte mögen oder dass der geliebte Mensch wieder ganz gesund wird. Wir haben die besten Absichten und stellen uns vor, wie unsere Pläne zum höchsten Wohl aller Beteiligten beitragen. Trotzdem gelangen wir nicht dorthin, wo wir sein möchten. Es sieht so aus, als ob die Erde und das ganze Universum uns den Rücken zukehren und uns im Dunkeln hängen lassen. Solche Momente sind meist ein Zeichen dafür, dass wir nicht richtig mit unserem Herzen verbunden sind.

Jeder von uns kennt das. Ich habe noch niemanden getroffen, dem es anders ging. Eine gute Freundin, bei der eine »unheilbare Krankheit« diagnostiziert wurde, ist der Meinung, dass dies die Art und Weise sei, wie Gott uns lehrt, aus unserem Herzen zu leben. Wir müssen lernen, dass wir Mitschöpfer unserer Reise sind und nicht die allmächtige Macht selbst.

Wer lag noch nie auf seinen Knien und hat um Hilfe gebettelt? Das macht nichts, das ist in Ordnung. Wenn wir nicht mehr weiterwissen, können wir unseren Weg nur finden, indem wir nach innen schauen. Wenn wir allerdings darauf bestehen, noch härter zu kämpfen, werden wir uns und anderen nur weiteres Leid zufügen.

Auf den Knien zu liegen – darin steckt ein unglaubliches Potenzial. Die Kraft unseres Herzens und die göttliche Kraft werden aktiviert, wenn die Chakras unter unseren Knien sich öffnen und ausdehnen. Selbstverständlich dürfen wir um alles bitten, was wir möchten. Häufig passiert es jedoch, dass wir in der Rückschau feststellen, dass es ein Segen war, dass das Universum unsere Wunschliste nicht erfüllt, sondern sich stattdessen um unser höchstes Wohl gekümmert hat.

In diesen Momenten der Verzweiflung werden wir innerlich umgeleitet, um unser Herz zu öffnen, und wir werden zu einem besseren und liebevolleren Ziel geführt. In solchen Momenten ist es ganz besonders gut für uns, Hingabe zu üben und die Verbindung mit unserem Herzen zu stärken.

Wir sitzen still da und erlauben dem Universum, uns den Weg zu zeigen. Manchmal müssen wir gar nichts tun, um eine Veränderung oder ein positives Resultat herbeizuführen. Wir brauchen nur einmal eine Pause zu machen und dem Universum zu erlauben, für uns zu arbeiten.

Indem wir uns mit unserem Herzen verbinden, machen wir es dem Universum möglich, durch uns zu sprechen. Wir sind bereits ein Meisterwerk des Göttlichen, und das

Universum findet durch unsere Worte, Handlungen, Gefühle und Kreationen seinen Ausdruck.

Wir fragen uns, ob wir menschliche Wesen schon weit genug vorangekommen sind und wie viel weiter wir noch fortschreiten müssen. Wie viel Gutes kommt noch auf uns zu, welche Versicherung sollten wir als Nächstes noch abschließen? Und wir haben außerdem die alberne Angewohnheit, uns mit anderen zu vergleichen.

Wir fragen uns, ob wir gut genug sind oder wie wir im Alter überleben werden. All diese Sorgen und Ängste um unser Überleben führen dazu, dass uns die Zukunft bedrohlich erscheint. Allzu oft beherrscht die Angst vor der Zukunft unser Leben in der Gegenwart, unsere Wünsche und Ziele, sogar schon 20, 30 oder 40 Jahre vorher. Dabei vergessen wir, das Leben zu genießen, das wir haben, weil wir etwas fürchten, das in ferner Zukunft liegt.

Ein großer Teil meiner Arbeit besteht darin, Menschen zu helfen, aus ihrem Kopf herauszukommen und ihrem Herzen zu vertrauen. Wenn unsere Aufmerksamkeit sanft im Herzzentrum ruht, fühlen wir uns im Frieden mit der Welt, mit dem gegenwärtigen Augenblick und mit uns selbst.

Emotionale Intelligenz und eine gesunde Unterscheidungskraft sind nötig, um richtig mit dem Herzen verbunden zu sein. Unsere Liebe muss in Balance mit Weisheit sein. Eine gute Verbindung mit der Weisheit unseres Herzens erlaubt uns, das Leben aus einer göttlichen

Perspektive zu betrachten und diese Weisheit in unser menschliches Leben und unsere Erfahrungen zu integrieren.

Manchmal drängen wir vorwärts und arbeiten hart, um unser Ziel zu erreichen. Es gibt aber auch Zeiten, in denen es klüger ist, einen Schritt zurückzutreten und zu erkennen, dass das Universum etwas Besseres für uns bereithält, und geduldig darauf zu warten. Die Fähigkeit, zwischen diesen beiden Situationen zu unterscheiden, wurzelt in der richtigen Verbindung mit unserem Herzen. Selbstermächtigung fängt mit der Erkenntnis an, wann es Zeit ist, selbst etwas zu erschaffen, und wann es Zeit ist, sich dem Leben einfach hinzugeben, ohne Euphorie oder Verzweiflung.

Hier folgen einige Tipps, wie du dich mit deinem Herzen verbinden kannst. Am Ende dieses Kapitels erzähle ich dann gern noch eine kleine Geschichte, die mein Bewusstsein immer wieder in die Liebe zurückführt. Vielleicht hast du eine eigene Geschichte, die für dich eine »Abkürzung« in dein Herz bedeutet. Wie immer, so gilt auch hier: Unterschiedliche Mittel und Wege eignen sich für unterschiedliche Menschen.

Alles geschieht zur rechten Zeit

Gib der Zeit die Chance, dich an dein Ziel zu bringen. Ich möchte nicht zu sehr wie die Bibel klingen, aber alles hat seine eigene Zeit. Es gibt eine Zeit zu pflanzen und eine

Zeit zu ernten, für Mutter Natur genauso wie für uns. Wir müssen dem natürlichen Fluss und Rhythmus des Lebens auch die Möglichkeit geben, uns auf die nächste Ebene zu bringen.

Vielleicht hilft es, anstelle von Blockaden eher Lektionen zu sehen. Ich glaube, dass ein großer Teil von Erfolg und Glück darin besteht, das Mysterium des Lebens willkommen zu heißen. Wir müssen nicht immer alles wissen oder begreifen. Je mehr Wissen ich erwerbe, desto deutlicher wird mir, wie viele unbeantwortete Fragen es gibt. Auch Albert Einstein sagte einmal: »Je mehr ich lerne, desto mehr erkenne ich, wie viel ich nicht weiß. Was ich wirklich kennen möchte, ist Gott.«

Im Leben gibt es immer ein Mysterium, das uns Wunder verheißt. Wir müssen nur einer höheren Macht und dem Prozess des Lebens vertrauen.

Dankbarkeitsliste

Zähle jedes Ereignis, das dein Leben besser oder schöner gemacht hat. Denke an all die Segnungen, die du jemals in deinem Leben erhalten hast, zum Beispiel die Menschen, die gütig zu dir waren oder sich besonders bemüht haben, dich zu unterstützen.

Du kannst auch eine Fotocollage oder eine Diashow dieser Menschen und Erlebnisse machen und sie häufig ansehen.

Ich selbst habe einmal eine Diashow aller Schüler gemacht, die meine Akasha-Chronik-Seminare besucht haben. Jedes Mal, wenn ich mir die Bilder wieder ansehe, rührt mich das zu Tränen. Wenn ich diese ernsthaften Menschen sehe, wie sie mit der liebevollen Energie der AC arbeiten, dann wird mein innerstes Sein bewegt. Sie legen ihre Hände auf ihr Herz, wenn sie die AC für jemand anderen lesen. Sie bauen sich gegenseitig auf, trösten sich, lächeln sich an und sind voller Mitgefühl. Sie umarmen sich und lachen und weinen gemeinsam. Es wirkt stark auf mich ein, wenn ich miterlebe, wie diese Menschen sich gegenseitig unterstützen. Das sind Augenblicke, in denen ich die eine wahre Liebe am meisten spüre.

Bilder bewegen uns mehr als Worte. Sie können uns viel tiefer anrühren als verbale Kommunikation. Um das gesprochene Wort zu verstehen, musst du die jeweilige Sprache beherrschen, den Tonfall richtig aufnehmen und die Interpunktion begreifen. Bei Bildern spielt all das keine Rolle. Du kannst das Bild eines süßen Hundewelpen herzeigen und jeder, egal welche Sprache er spricht, wird dasselbe sehen. Bilder sagen mehr als tausend Worte.

Hör Musik, singe und bewege dich

Musik kann Herz und Seele besonders hoch erheben. Wenn du den Mut aufbringst zu singen, veränderst du die Schwingung deines Herzens sofort.

Leg deine Lieblingsmusik auf und singe laut mit. Mach dir keine Gedanken über die richtige Tonart und so fort, sondern lass einfach den Klang durch deine Kehle und das fünfte Chakra erklingen. Das öffnet dein Herz.

Wenn du »Pluspunkte« bekommen möchtest, bewege deinen Körper und beginne zu tanzen. Tanzen gibt dir das Gefühl, lebendig zu sein, mehr als vieles andere. Ich selbst tanze gern, wenn ich allein bin. Es hat eine Weile gedauert, bis ich mich mit meinen Bewegungen wohlgefühlt habe, aber heute habe ich keine Probleme mehr dabei, mit allem zu wackeln, was mir Mama Natur gegeben hat.

Suche Musik, die dich aufbaut und begeistert und dich zugleich anregt, dich zu bewegen. Eine meiner Lieblingskünstlerinnen ist Faith Rivera. Ihre Musik hebt die Stimmung, sie ist sowohl spirituell als auch rasant. Du findest sie bei www.faithrivera.com.

Gib gern, hilf ehrenamtlich

Jemandem zu geben, der weniger Glück hat als wir und weniger gesegnet zu sein scheint, ist ein verborgener Segen. Wenn wir anderen geben bzw. mit anderen teilen, geben wir immer uns selbst. Ich verkaufe meine nicht mehr genutzten Dinge aus dem Haushalt nicht mehr über das Internet, sondern spende sie lieber. »Habitat for Humanity« ist für alles dankbar, was ich ihnen bringe, sodass ich mir dann oft wünsche, ich hätte mehr zu geben.

Deine Zeit und deine Fähigkeiten zu teilen, sind genauso wichtig und wirksam. Ich glaube, dass wir immer, wenn wir etwas geben, eine Win-win-Situation schaffen. Es stimmt schon, dass wir teilen und anderen durch das Geben helfen, aber wir empfangen auch Dankbarkeit. Diese Dankbarkeit segnet unser Herz und verleiht unserem Leben auf eine Art und Weise mehr Wert, als jemals in einem Supermarkt oder bei einer Einkaufstour erworben werden könnte. Finde einen Weg, in deiner Gemeinde etwas zurückzugeben, und du wirst viele Segnungen empfangen.

Meine Abkürzung in die Liebe

Ich hoffe, dass jeder eine ähnliche Geschichte erlebt hat. Eine Geschichte, die den Menschen in wenigen Sekunden von der Verzweiflung zur Liebe trägt. Eine Geschichte, die alles, was in deinem Leben geschieht, in eine göttliche Perspektive rückt und dich unmittelbar mit Frieden erfüllt.

Es war einmal … dass ich eine Freundin hatte. Sie war wunderbar und für mich wie eine ältere, erfahrenere Schwester. Eine Seelenschwester aus einem anderen Leben. Wir begegneten uns über gemeinsame Freunde bei einem Potluck, einem großen Essen, zu dem jeder etwas mitbringt. Wir wurden sofort Freundinnen. Unsere Freundschaft vertiefte sich und dauerte viele Jahre, auch als wir nicht in derselben Stadt, sondern Hunderte von Meilen entfernt voneinander wohnten.

Sie war eher eigensinnig, in ihrer Lebensart recht gefestigt, und es war nicht immer leicht, sich einfach so mit ihr zu unterhalten. Ich wette, sie würde über mich etwas Ähnliches sagen, wenn du sie fragen könntest. Wir machten lange Spaziergänge mit unseren Hunden, »befreiten« wunderschöne Gardenien aus den Gärten von Nachbarn, retteten unterwegs Haustiere und liebten es, durch Antik- und Trödelläden zu bummeln in der Hoffnung, einen ganz besonderen kleinen Schatz zu finden.

Wir saßen oft auf der Veranda und tranken viel Tee. Sie liebte starke marokkanische Tees. Ich begriff nicht, wie jemand ein so starkes und bitteres Gebräu trinken konnte. Ich zog organische grüne Tees vor, wenn möglich koffeinfrei. Sie besorgte den Tee für mich und kümmerte sich darum, dass er nie ausging. Wir erlebten mit, wie sich die eine oder die andere von uns in mögliche Seelenpartner verliebte und einige Zeit später auch wieder entliebte. Wir machten also zahlreiche gemeinsame Lebenserfahrungen.

Eines Tages sagte ich ihr beim Tee, dass ich fand, dass sie wirklich sehr dünn geworden war. Ich hatte es als Kompliment gemeint, aber sie reagierte unwirsch und verließ das Zimmer. Sie war müde und aufgewühlt und konnte nicht schlafen. Einen Arzt wollte sie nicht aufsuchen, weil sie nicht an die westliche Medizin glaubte. Schließlich führten wir beide ja auch ein sehr gesundes Leben, holten uns regelmäßig Rat aus der AC und lebten in Übereinstimmung mit den universellen Gesetzen.

Ein paar Wochen später wurde Krebs bei ihr festgestellt. Ich fragte sie, wo denn der Krebs steckte, und sie sagte, er wüchse ›überall‹ in ihr. Sie hatte in fast jedem Organ Krebs im 4. Stadium. Er hatte sich ausgebreitet und war nicht mehr operabel. Wir gingen zu allen möglichen Ärzten und Heilern. Bei manchen mussten wir die ganze Nacht hindurch im Wartezimmer sitzen, damit sie zwischendurch überhaupt einen Termin bekommen konnte. Manche Ärzte waren freundlich. Sie vermittelten uns Hoffnung und gaben einen positiven Ausblick. Andere waren, sagen wir mal, eher skeptisch.

Sie entschloss sich zu einem ambulanten Chemotherapieprogramm. Sie wollte nicht mehr Zeit als absolut notwendig in einem Krankenhaus verbringen. Meine Freundin fand eine wunderbare Frau, die sich zu Hause um sie kümmerte. Manchmal übernachtete ich bei ihr, damit ihre Betreuerin eine Nacht frei haben konnte. Etliche Male rief die Betreuerin ihren Bruder und mich an, damit wir rasch kämen, um sie ein letztes Mal zu sehen. Ich hatte ja erwähnt, dass sie ziemlich eigensinnig war – sie war eine echte Kriegerin und noch nicht bereit, nach Hause zu gehen.

Für die letzte Nacht, die ich im Haus meiner Freundin verbrachte, hatte sie mir Eiscreme besorgt. Als ich mich beschwerte, dass sie mir viel zu viel gegeben hätte, lächelte sie und sagte: »Aber die Eiscreme besteht doch nur aus dünnen Schichten, Liebes.« Ich ergab mich ihrer merkwürdigen Logik und aß die ganze Schale leer.

Sie sah nicht mehr wie meine liebe Freundin von früher aus. Um ehrlich zu sein, wusste ich nicht, dass ein Mensch überhaupt so aussehen konnte. Sie war bis auf die Knochen abgemagert und ihre Haut war wie gelbliches Pergamentpapier.

Am Morgen gab ich ihr einen Kuss und verabredete mit ihr, am folgenden Tag wiederzukommen. Ich freute mich auf den vor mir liegenden Tag, weil ich zu einem Date eingeladen worden war.

Die Betreuerin rief mich am Nachmittag an und sagte, dass meine Freundin wieder zur Chemotherapie im Krankenhaus sei. Ich ging zu meinem Date, denn es gab nichts, was ich jetzt für sie hätte tun können. Das Date lief nicht gut. Ich war von der oberflächlichen Begegnung enttäuscht und ging das seltsame Treffen im Geist immer wieder durch. Ich konnte nicht einschlafen. Ich erinnere mich noch deutlich, wie sehr ich mich über diese Dating-Erfahrung und über mich selbst ärgerte.

Schließlich dachte ich: »Gaby, hast du keine wichtigeren Themen, über die du nachdenken könntest?« Ich begann für meine Freundin zu beten: »Bitte Gott, hilf ihr. Nimm ihr die Schmerzen und den Krebs ab. Ich weiß, dass sie die Chemotherapie hasst, weil sie sich dann übel und krank fühlt. Bitte hilf ihr.«

Ich blickte auf die Uhr an meinem Bett und sah, dass es 2:22 Uhr war. In diesem Augenblick wurde ich von Traurigkeit überwältigt. Ich änderte mein Gebet und sagte: »Liebe geliebte Freundin, vielleicht ist es in Ordnung, dass du nach Hause gehst. Folge einfach dem Licht, wenn du bereit bist. Ich weiß, dass es dir gut gehen wird. Folge einfach dem Licht.« Kurz danach schlief ich ein.

Die Betreuerin meiner Freundin rief mich am nächsten Morgen an, um mich zu informieren, dass sie um 2:30 Uhr friedlich eingeschlafen war. Ich fühlte mich auch im Frieden. Ja, ich spürte Trauer und einen dumpfen Druck in meinem Herzen, vor allem jedoch spürte ich Frieden. Sie war nach Hause gegangen. Sie war nun an einem besseren Ort, und ich konnte die Verbindung zwischen uns immer noch fühlen. Ich konnte sie damals spüren und ich fühle sie auch heute noch, nach fast fünfzehn Jahren.

Wenn ich an diese Geschichte denke, dann fließt meine Energie immer vom Kopf ins Herz. Sie bringt alles in die richtige Perspektive und erinnert mich an das, was im Leben wirklich wichtig ist. Ich hatte die göttliche Gegenwart gespürt, als ich meine Freundin bat, dem Licht zu folgen. Das waren nicht nur Worte gewesen. Ich wusste, dass sie dazu bereit war. Ich hatte echte Führung erhalten und an sie weitergegeben. Ich freue mich darauf, sie eines Tages wiederzusehen, wenn meine Zeit kommt, dem Licht zu folgen, nach Hause zu gehen und für immer glücklich und zufrieden zu leben. So ist es.

Liebe transzendiert alles andere. Liebe existiert jenseits von Zeit und Raum. Sie trägt uns durch alles hindurch und steht uns jederzeit zur Verfügung. Wir müssen nur unser Herz für sie öffnen und sie fühlen.

Meditation über frühere Leben

»Die Lektionen des Lebens zu lernen kann so leicht fallen, wenn du an die Unsterblichkeit glaubst.«

BRIAN L. WEISS

Wir alle haben bestimmte Marotten oder Abneigungen, die etwas mit Lektionen aus unseren vergangenen Leben zu tun haben. Um Themen in unserer Gegenwart aufzulösen, schauen wir uns Blockaden aus früheren Leben an, damit wir Wohlstand, gute Beziehungen und ein Leben kreieren können, das keine »Geißel« der Vergangenheit mehr ist.

Die Meditation über frühere Leben hilft, um Probleme zu klären, die ihren Ursprung nicht in diesem Leben, sondern in einer vergangenen Lebenszeit haben. Dadurch werden wir besser verstehen, wie uns diese Verhaltensmuster und Beziehungen heute bestimmen und welche Botschaften in ihnen verborgen sind.

Man kann diese Meditation auf unterschiedliche Weise nutzen.

- Vielleicht hast du das Gefühl, dass eine deiner Beziehungen oder Themen mit einer Erfahrung aus einem früheren Leben zu tun hat. Vertraue deiner Intuition und praktiziere diese Meditation dann speziell für dieses Thema. Nehmen wir an, du hättest eine schwierige Beziehung zu deiner Mutter oder eine unerklärliche Sehnsucht nach einem bestimmten Land oder einem besonderen spirituellen Weg. Die Führung in und durch diese Meditation wird dir helfen, den Ursprung deiner Beziehungsprobleme bzw. deines Verlangens zu verstehen, und du gewinnst mehr Klarheit.

- Du kannst diese Meditation auch durchführen, indem du kein Thema vorgibst, sondern deinem inneren Wesen und Sein erlaubst, dir das in der Meditation aufzuzeigen, was jetzt in deinem Leben wichtig ist. Beide Vorgehensweisen sind gleichermaßen nützlich und du kannst sie häufig anwenden.

Ich empfehle dir, dass du diese Meditation mehrere Male liest, bevor du sie für dich selbst aufnimmst. Mache dich mit dem Stil vertraut und fühle dich dabei frei, den Text und den Stil an deine eigenen Bedürfnisse und Vorlieben anzupassen. Sprich langsam und mache zwischendurch »Erlebnispausen«. Auf die Weise hast du genug Zeit, dir die Bilder wirklich in Ruhe vorzustellen.

Vielleicht ist es dir angenehm, und du kannst dich besser entspannen, wenn im Hintergrund eine sanfte und friedliche Musik läuft.

Vor allem jedoch: Bewerte dich nicht, während du deiner eigenen Stimme zuhörst. Du kannst mir glauben, dass es gerade so völlig richtig und stimmig ist, wie du es aufgenommen hast!

Du kannst dir auch gerne meine Version der Meditation über frühere Leben auf meinem YouTube-Kanal anhören. Hier ist der Link:

http://www.gabrielleorr.com/lass-wunder-geschehen.html

Ich begrüße meine Schüler immer auf der Herzensebene und spüre eine große Hochachtung für all die Gaben, die sie in meine Akasha-Chronik-Seminare mitbringen. Es gibt nichts, was ich mir sehnlicher für dich wünsche, als dass du deiner eigenen Macht vertraust. Deshalb habe ich volles Vertrauen, dass deine eigene innere Führung dich bei der Heilung deiner Beziehungen oder Muster aus früheren Leben in der rechten Weise unterstützen wird. Lass einfach alles los, was zwischen dir und deiner Seelenaufgabe steht.

Past-Life-Meditation – Meditation über frühere Leben

Entspanne dich und achte auf deine Atmung, deine eigentliche Lebenskraft.

Atme dreimal immer tiefer und entspannter ein und aus.

Spüre, wie die Schwerkraft deinen Körper sanft nach unten zu Mutter Erde zieht. Du fühlst dich mit jedem Atemzug entspannter. Dein Geist wird still und friedvoll. Du weißt, dass du immer sicher und geschützt bist. Du fühlst dich in diesem Augenblick völlig sicher und wohl.

Du atmest ruhig.

Deine Seele offenbart dir nun eines deiner Themen. Es ist ein Thema, das du bereit bist zu heilen und loszulassen. Dieses Thema hat seinen Ursprung in einer Erfahrung in einem vergangenen Leben.

Du nimmst dir die Zeit, das Thema offen und aufrichtig anzuschauen und auch all die Probleme, die es für dich mit sich bringt.

Deine Seele vermittelt dir, dass du bereit bist, all jene Lektionen zu lernen, die mit diesem Thema zu tun haben. Sobald du sie angenommen und gelernt hast, kannst du dich sicher dabei fühlen, sie nun einer göttlichen liebevollen Präsenz zu übergeben. Du lächelst deiner Seele zu und lässt sie wissen, dass du bereit bist, weiter auf dieser Reise der Heilung voranzuschreiten.

Du weißt, dass es eine Reise in eines deiner früheren Leben ist. Die Reise ist ganz sicher für dich, da sie dir dabei hilft, Energien loszulassen, die dich in deinem gegenwärtigen Leben blockieren.

Deine Seele lädt dich ein, eine gemeinsame Reise zu unternehmen. Du stimmst gerne zu und machst dich bereit.

Im Geist gehst du zu einem Bahnhof und steigst dort einige wunderschöne Treppen hinab. Diese Treppen sind so gestaltet und geschmückt, dass du dich sicher und entspannt fühlst. Du siehst Kunstwerke an den Wänden, während du immer tiefer nach unten gehst. Unten angekommen, steigst du in einen bequemen Zug ein. Du gehst zu einem Sitzplatz und machst es dir gemütlich. Der Zug fährt langsam los, und du bemerkst, dass du mit dem Rücken zur Fahrtrichtung sitzt. Du schaust aus dem Fenster und siehst die Landschaft vorbeiziehen. Die schöne Landschaft entspannt dich noch mehr. Du vergisst alles um dich herum und schaust ganz aufmerksam durch das Fenster.

Du fühlst dich voller Frieden und entspannt. Die Zeit verstreicht, ohne dass es dir auffällt. Ein, zwei, drei Stunden vergehen vor deinen geistigen Augen.

In deinem entspannten Zustand bemerkst du, dass sich die Aussicht verändert hat. Du schaust nicht mehr auf die Landschaft. Der Zug fährt dich jetzt zurück in der Zeit. Du siehst, wie dein Leben vorbeizieht. Du erkennst Menschen, Orte und Ereignisse.

Der Zug bringt dich jetzt ganz zurück bis zum Ursprung des Themas, das du auf Wunsch deiner Seele loslassen sollst.

Du brauchst den Zug nicht zu beschleunigen. Du vertraust dem Prozess und bist weiterhin entspannt und in Frieden.

Wenn der Zug an seinem Ziel ankommt, schaust du aus dem Fenster.

Was siehst du?

Nimm dir Zeit, dich umzuschauen. Egal, was du siehst, du weißt, dass du jetzt ganz sicher und geschützt bist.

Erkennst du die Zeit, den Ort oder das Ereignis wieder?

Kennst du die Menschen, die du siehst?

Du kannst im Zug bleiben und alles durch das Fenster beobachten, oder du kannst hinausgehen und dich umsehen. Wofür du dich auch entscheidest: Du bist immer sicher und beschützt. Du hast zugleich auch die volle Kontrolle: Du kannst in ein Geschehen »hineinzoomen« oder als Beobachter draußen bleiben. Tu das, was dir angenehm ist.

Schaue dir dein vergangenes Leben an.

Welche Kleidung oder Schuhe hast du getragen? Warst du eine Frau oder ein Mann, jung oder alt, reich oder vielleicht arm?

Erlaube dir, die Umstände deines früheren Lebens kennenzulernen, da du ja weißt, dass du daraus eine große Heilung erfahren wirst.

Welche Erkenntnisse kannst du mitnehmen?

Kannst du dich mit dem Gefühl von damals verbinden? Hast du Liebe und Freude gespürt oder dich gefürchtet oder verletzt gefühlt?

Kannst du verstehen, warum die Energie dieses Ereignisses immer noch in deinem heutigen Leben präsent ist?

Bitte deine Seele, dieses Muster zu heilen.

Bitte deine Seele, dir die Lektion zu offenbaren.

Was musst du heute wissen, um alles Leid, Schmerzen oder Missverständnisse aufzulösen, die sich damals aus diesem Geschehen entwickelt haben?

Du kannst die Puzzle-Teilchen zusammenfügen.

Dein Leid und dein Kampf ergeben jetzt einen Sinn, und du fühlst dich verzaubert und erleichtert durch die Lektion, die du jetzt gerade gelernt hast.

Jede Not und jeder Konflikt in deinem jetzigen Leben wird durch diese Erkenntnis und dieses Verstehen aufgelöst. Es gibt keinen Grund mehr zu leiden. Du fühlst nur noch Frieden, Freude, Liebe und tiefe Entspannung.

Blicke auf dich damals zurück und segne dich in Liebe.

Sende Liebe an alle Ereignisse, alle beteiligten Personen und alles andere, was du miterlebt hast.

Liebe und Heilung sind so mächtig, dass sogar deine Seele die Freiheit und den Frieden spürt.

Wenn du spürst, dass alles abgeschlossen ist und du dankbar für deine Erfahrung bist, steigst du wieder in den Zug ein. Du setzt dich hin und überblickst ein letztes Mal die Ereignisse, die du gerade besucht hast. Jetzt bist du eine neue Person. Du fühlst dich leicht und im Frieden.

Der Zug setzt sich langsam in Bewegung, und du stellst fest, dass du wieder in Fahrtrichtung sitzt. Du weißt, dass dich der Zug in die Gegenwart zurückbringt.

Während du zuschaust, wie sich das frühere Leben immer weiter entfernt und bald verschwindet, segnest du es noch einmal voller Liebe.

Während der Zug näher zu dir nach Hause kommt, kannst du sehen, dass sich das Leben, das du durch die Fenster siehst, leicht verändert hat. Das Energiefeld hat sich verändert und dein altes Muster ist nirgends zu finden. Du kannst dich kaum daran erinnern, wie es ausgesehen hat. Du fühlst dich durch deine Zeitreise stark und kraftvoll. Der Zug fährt an seinem Ziel ein: deinem Zuhause und im gegenwärtigen Augenblick.

Leichten Herzens verlässt du den Zug und kommst in diesem Moment zurück. Du kannst dich deutlich an die Lektion erinnern, die du gelernt hast, und du bist begeistert davon, dein Leben jetzt ganz befreit und ermächtigt fortzuführen.

Komme dann langsam in das Hier und Jetzt zurück.

Atme sanft ein und aus, und spüre deinen Körper wieder ganz bewusst.

Bewege deine Zehen, klopfe mit den Sohlen auf den Boden, dehne deine Finger, Hände und Arme.

Öffne deine Augen und nimm wach den Raum wahr, in dem du bist.

Atme mehrmals tief durch.

Willkommen zurück. Erfreue dich an deinem Leben!

Einen Erste-Hilfe-Ordner anlegen

»Wenn du keine zehn Minuten
am Tag für dich selbst hast,
hast du kein Leben.«

Tony Robbins

Stress, Ängste, die Furcht vor dem Unbekannten sowie unser wie ein Affe herumspringender hyperaktiver Geist sind mächtige Feinde für unsere tägliche Lebensfreude und unser Glück. Die meisten von uns kennen Tage, an denen alles prima läuft, bis aus heiterem Himmel etwas oder jemand kommt und uns aus der Bahn wirft. Auch wenn wir versuchen, es abzuschütteln, scheint es doch nichts zu geben, was unsere Qual lindert oder uns besänftigt. Wir lassen das Missgeschick oder die Störung immer wieder im Geiste vor uns ablaufen und rutschen hilflos in einer Lawine aus

Verzweiflung nach unten. In solchen Momenten hilft uns der vorbereitete Erste-Hilfe-Ordner sehr.

Ein Erste-Hilfe-Ordner enthält eine Sammlung von Übungen, die bewährte Hilfsmittel sind für unseren Schmerz, bei Stress und Belastungen, wie wir sie jetzt gerade bewältigen müssen bzw. in der nahen Zukunft befürchten. Wir haben ein Schatzkästchen mit »Medikamenten«, die uns dabei unterstützen, uns leicht über die begrenzende Dampfplauderei unseres Verstandes zu erheben und in uns eine wohltuende Veränderung der Energie herbeizuführen.

Die meisten von uns haben ein Hauptproblem, das seit langer Zeit existiert und uns unser ganzes Leben lang begleitet. Hatten Menschen zum Beispiel in der Vergangenheit Partnerschaftsprobleme, sind sie ihr ganzes Leben lang vorsichtig, was Beziehungen angeht. Mit anderen Worten: Es ist höchst unwahrscheinlich, dass jemand nach wenigen Monaten mit einem völlig anderen Thema zu tun haben wird.

Unsere »Hauptprobleme« stellen für uns überwiegend auch die wesentlichen Lektionen des Lebens dar. Wir können die Aufgaben unserer Seele meistern, indem wir frühere Hindernisse betrachten und die Energie rund um sie herum anheben.

Wir werden sie dennoch nicht komplett loslassen (können). Es sieht so aus, als ob das Universum uns laufend testet, indem es uns die gleiche oder eine ähnliche Situation immer wieder schickt. Wir werden die Schlacht gewinnen, wenn wir die Situation erkennen und vermeiden, darauf zu reagieren. Dadurch treffen wir gesündere Entscheidungen, bevor wir wieder in einer emotionalen Lawine abrutschen. Auf diese Weise erfahren wir, ob sich unsere Energie in Bezug auf dieses Thema wirklich entwickelt hat oder nicht. Jeder Fortschritt lässt uns die entsprechende Aufgabe besser meistern. In dieser Phase beginnen wir oft damit, anderen mit ähnlichen Problemen zu helfen.

Aber falls wir unsere Situation noch nicht im Griff haben, kann uns der Erste-Hilfe-Ordner dabei unterstützen, unsere Energie neu auszurichten, ohne dass wir zurück auf »Start« müssen.

Ich möchte das in einen anderen Kontext stellen. Hast du den Film »50 Erste Dates« mit Drew Barrymore gesehen? Eine süße, unterhaltsame Hollywood-Komödie, mit einem Ende, das mich tief bewegt hat. Drew Barrymore spielt eine junge Frau, die aufgrund eines tragischen Unfalls ihr Kurzzeitgedächtnis verloren hat. Alles, was die junge Frau an einem Tag erlebt, hat sie am nächsten Tag schon wieder vergessen. Dazu zählt auch der Mann, in den sie sich verliebt. Ich gehe jetzt gleich zum Ende des Films, ohne die ganze Geschichte zu erzählen, um die Lösung zu diskutieren, die ihr Freund und späterer Mann fand.

Er macht ein Video für sie und legt es zusammen mit einer Notiz auf ihren Nachttisch. »Guten Morgen, Liebes, bitte spiele das Video ab und sieh es dir an, bevor du aufstehst.« Das Video zeigt alles, was seit ihrem Unfall passiert ist. Wie sie gesund wurde, sich verliebte, heiratete, ein Baby bekam und danach glücklich und zufrieden mit ihrer

Familie auf einem Segelboot lebte und die Welt erkundete. Klar, was soll man sagen, ein Hollywood-Film eben.

Ich finde, wir alle sollten uns ein solches Video von Zeit zu Zeit ansehen. Es wird uns alle unsere Themen aufzeigen und alles, was wir bereits geleistet haben. Es kann uns an all die wundervollen Dinge erinnern, die wir schon gelernt haben und uns darin bestätigen, dass wir geliebt sind, so wie wir sind. Dieses Video stellt gewissermaßen unseren Erste-Hilfe-Ordner dar.

In deinem persönlichen Schatzkästlein oder Erste-Hilfe-Ordner kannst du alles sammeln, was dich aufbaut und deinen Geist erfreut:

- Schreibe Zitate aus Büchern auf, die dich früher sehr inspiriert haben.
- Füge Lieder ein, die dich motivieren, dir eine glückliche Stimmung geben, dir dabei helfen, dein Herz zu öffnen, oder die dich an deine eigene Stärke erinnern.
- Zeichne Reden auf, die dich aufrichten, und speichere sie auf deinem Handy. Man findet heute vieles auf YouTube und über Google.
- Sammle Information über Lebensmittel, die dich aufbauen, wenn du dich down fühlst, und die deinen Geist und deinen Körper dabei unterstützen, sich wieder gesund und glücklich zu fühlen.
- Stelle eine Liste zusammen mit den Namen und Telefonnummern deiner echten Freunde und Freundinnen,

die dich wirklich unterstützen. Und nimm dir fest vor, sie anzurufen, wenn du verzweifelt bist. Es wäre gut, wenn du mit deinen Freunden über den Erste-Hilfe-Ordner sprichst, bevor du ihre Hilfe brauchst. Bitte sie, dich dann mit guten Gesprächen oder Aktivitäten zu unterstützen, wenn du sie in einem Notfall anrufst. Wir vermeiden dabei allen Klatsch und jedes Schimpfen, was nur euch beide runterziehen würde.

- Finde heraus, wie du dich am besten daran erinnern kannst, wie weit du es schon gebracht hast und wie sehr du geliebt wirst. Du kannst Fotos von deinen schönsten Glücksmomenten sammeln, wie bestandene Prüfungen und Beförderungen, sportliche oder andere Leistungen, Urlaubsreisen mit Familie oder Freunden, dein schönes Heim oder Projekte, bei denen du erfolgreich mitarbeitest. Du kannst Dankesbriefe und Geschenke hinzufügen, die du von Menschen bekommen hast, die dich und deine Arbeit schätzen.
- Lass dich inspirieren. Besorge dir ein Hörbuch eines deiner Lieblingsautoren und sei offen dafür, dass seine oder ihre Energie dich ansteckt. Das ist eines der Werkzeuge, die ich am liebsten anwende. Wenn ich merke, dass mein Bewusstsein an einem ungünstigen Thema festhält, höre ich mir sehr gerne Autoren an wie den Dichter Mark Nepo, Steven Pressfield, den Autor von »Die Legende von Bagger Vance«, Shonda Rhimes, von der ich hoffte, mehr Bücher lesen zu können und nicht nur Fernsehshows zu sehen, Ram Dass oder Eckart Tolle.

Es spielt keine Rolle, dass nicht alle meine Favoriten unter den Autoren über spirituelle Themen schreiben. Es kommt mir mehr darauf an, dass ihre Worte meine Energie in Fluss bringen, Geist und Herz ansprechen und mich in die richtige Richtung bringen. Wenn ich Mark Nepo oder Steven Pressfield zuhöre, bin ich so inspiriert, dass ich nicht aufhören kann zu schreiben. Meine Finger fliegen über die Tastatur und tippen so schnell, als ob ich bei einem Formel-1-Rennen wäre. Ich höre in meinem Kopf die Stimme der Autoren, als ob sie mir das nächste Kapitel meines Buchs diktieren würden. Mission erfüllt! Ich habe meine Krise überwunden und bewege mich auf der richtigen Spur vorwärts.

- Suche professionelle Beratung oder einen Coach, um deine Situation aus einer ganz anderen Perspektive betrachten zu können. Geld, das für eine sinnvolle und hilfreiche therapeutische Sitzung ausgegeben wird, und dazu zähle ich natürlich auch eine Akasha-Chronik-Beratung, ist gut angelegt, wenn sie dir hilft, nicht in eine Depression abzugleiten oder etwas zu tun, das du hinterher bereust. Finde einen Therapeuten, der dir dort begegnet, wo du jetzt gerade bist, und dich dorthin führt, wo du sein möchtest. Ein guter Therapeut wird immer das Licht in dir sehen.
- Lege auch das Gebet der AC in dein Schatzkästlein. Manchmal lassen wir zu, dass unsere Energie so stark abnimmt, dass wir völlig vergessen, uns mit unseren Meistern und Lehrern zu verbinden, damit wir deren

Führung und Unterstützung empfangen. Du kannst auch einige der früher erhaltenen Hinweise und Einsichten von deinen Meistern und Lehrern mit in deinen Erste-Hilfe-Ordner geben. Diese Antworten tragen die liebevolle Energie der AC in sich und werden dein Bewusstsein auf eine höhere Ebene führen, auch noch lange, nachdem du sie erhalten hast.

Oft sind Anleitungen leichter zu verstehen und auszuführen, wenn wir uns nicht ganz allein den Weg bahnen müssen. Die folgenden Beispiele (auf Englisch) können dir helfen zu beginnen. Sie stammen aus Erste-Hilfe-Ordnern meiner Klienten. Es gibt sie kostenlos, und man findet sie leicht im Internet.

- Song: »You are beautiful, just the way you are«
- Video (YouTube): »A good day by Brother Steindl-Rast«
- Video (YouTube): »Lessons from a near-death experience, by Anita Moojani«
- Meditation (YouTube): »30 Minute Meditation: Asking for Nothing – by The Reach Approach«
- Video von Gaia TV (YouTube): »Yoga for beginners with Rodney Yee«
- Finanzhilfe (YouTube): »Abraham-Hicks: 17 Seconds To More Money«
- Gesundheitshilfe (YouTube): »Gregg Braden on Curing Cancer using our own Technology of Emotion«

- Seelenhilfe (YouTube): »Dalai Lama: Inner Peace, Happiness, God and Money«
- Beziehungshilfe (YouTube): »The Honeymoon Effect: The Science of Creating Heaven on Earth«
- Song zur Selbstermächtigung: »Rachel Platten – Fight Song«
- Seelenhilfe, um das ganze Bild zu erkennen (YouTube): »It's Time To Wake Up – We Are All One «
- Jedes Interview oder Fallbeispiel von Akashic Record Readings auf meinem YouTube-Kanal: https://www.youtube.com/channel/UC0N00lwMJQEQl3lz5wV-C7uw

Ein Erste-Hilfe-Ordner ist nichts, was du einmal zusammenstellst und dann nie wieder in die Hand nimmst. Vielmehr ist es eine sich entwickelnde, ganz eigenständige Sache, die mit dir und deiner Seelenaufgabe wächst. Gehe mit deinem Schatzkästchen so um wie mit deiner Zahnbürste: Benutze es regelmäßig, ohne zu überlegen, ob du es brauchst oder nicht. Wende es einfach an.

Nutze es also nicht nur, wenn du dich mies fühlst, schlechte Laune hast oder eine ärgerliche Sache passiert ist. Am besten »spielst« du täglich damit, besonders dann, wenn du dich rundherum gut fühlst.

Du kannst es dir so vorstellen: Wir alle haben Wunden auf unserer Seele. Manche dieser Wunden sind für uns und Außenstehende gut zu erkennen. Andere sind tief in unserem Wesen vergraben und wirklich schwer zu entdecken.

Wir neigen dazu, unseren tief sitzenden Schmerz zu vergessen, wenn es uns gut geht und wir uns obenauf fühlen. Aber gerade dann müssen wir ein gesundes Gleichgewicht anstreben und uns um unsere Schwachstellen kümmern.

Wenn ein Kind bei einem Unfall einen Arm verliert, wird es lernen, sich an diesen Umstand anzupassen, und es kann auch mit einem Arm ein glückliches Leben führen. Da diese Verletzung sichtbar ist, wird das Kind immer wieder daran erinnert, sich um seine Gesundheit zu kümmern. Es wird den gesunden Arm trainieren, weil dieser den anderen Arm teilweise ersetzen muss. Das Kind cremt den Stumpf vielleicht ein und wird sich unter Umständen Werkzeuge besorgen, die die Funktion des fehlenden Arms zumindest teilweise übernehmen. Die Verletzung ist offensichtlich und mit der entsprechenden Fürsorge wird sie nach einiger Zeit kein großes Problem mehr für das Kind darstellen.

Wir müssen lernen, unsere emotionalen Verletzungen so wie diese Wunde zu behandeln. Gib deinem Leid regelmäßig Aufmerksamkeit, Fürsorge und Liebe, und nicht nur, wenn du verzweifelt bist. Mach dich mit dem vertraut, was deine tiefe Verletzung auf wundersame Weise heilen kann und pflege dich und diese Wunde wie eine besonders kostbare Blume.

Nutze deinen Erste-Hilfe-Ordner so oft du kannst, und seien es nur zehn Minuten am Tag. So vermeidest du, dass dich deine sichtbaren oder tief im Dunkeln verborgenen Wunden aus dem Gleichgewicht bringen.

Dein Körper ist dein Tempel

»Achte darauf, dass deine Zirbeldrüse arbeitet,
und du wirst niemals alt werden, du wirst immer jung sein.«
EDGAR CAYCE

Warum ist unser Körper so heilig wie ein Tempel?

Die Antwort auf diese Frage entscheidet darüber, wie wir uns um uns selbst kümmern. Geben wir die Verantwortung für unser Wohlbefinden an andere ab, an Ärzte oder an die Pharmaindustrie, oder sind wir mit unserem menschlichen Tempel so gut verbunden, dass wir uns geehrt fühlen, wenn wir ihn selbst pflegen?

Unser Körper ist das Werkzeug unserer Seele. Unsere Seele kommt in diese Reinkarnation hinein, um bestimmte Dinge zu erfahren und abzuschließen, und dafür sucht sie sich ein besonderes »Gefährt«. Es gibt sie in allen möglichen Größen, Formen und Gestalten. Manche nennt man männlich, andere weiblich. Manche sind groß, andere klein, manche dünn oder üppig, manche schwarz, gelb, weiß oder regenbogenfarbig. Es gibt gesunde Vehikel und solche mit körperlichen Einschränkungen.

Insofern sind unsere Körper unglaubliche Geschenke des Universums, die es uns erlauben, Leben auf eine Weise zu erfahren, die unserer Seele dient. Leider haben die Leute oft gar keine echte Verbindung zum Sinn und Zweck, warum sie überhaupt hier sind. Sie behandeln häufig ihr Auto besser als ihren Körper. Es stellt jedoch ein wahres Privileg dar, sich um das Gefährt zu kümmern, welches unsere Seele als Vehikel, Werkzeug und heiligen Tempel für diese Lebensspanne gewählt hat.

Unser Körper ist ein Wunder. Wenn wir dieses Wunder begreifen, werden wir liebevoller und freundlicher mit ihm umgehen und eine förderliche Beziehung zu unserem wahren Lebensgefährten entwickeln. Vor dieser Beziehung können wir nicht davonlaufen. Sie dauert im wahrsten Sinne des Wortes »bis dass der Tod uns scheidet«.

Sobald wir unseren Körper mit derselben Achtung und Ehrfurcht behandeln, wie wir eine heilige Stätte oder einen Tempel respektieren, werden wir bewusster in der Entscheidung, was wir essen und trinken. Es fördert auch unsere Kommunikation mit dem Göttlichen in uns, wenn wir uns achtsam um unseren Körpertempel kümmern. Unser Körper versucht ständig, mit uns zu kommunizieren, und macht uns darauf aufmerksam, wenn wir vom Weg abkommen. Wir haben große Vorteile davon, auf unseren Körper zu hören, ihn wie den besten Kumpel zu behandeln und eine tiefere Verbindung mit ihm aufzunehmen und zu pflegen. Je mehr wir in Kommunikation mit unserem Tempel sind, desto mehr werden wir unser ganzes Potenzial nutzen.

Unser modernes Hightech-Leben kann aber ein ziemlich verwirrender Ort sein, um Wissen über unser heiliges körperliches Wohlbefinden zu erlangen. Jeden Tag erscheinen einander widersprechende Informationen darüber, was man essen und trinken soll, um bis zum letzten Lebenstag gesund und fit zu bleiben. Es gibt Vegetarier, Veganer, Makrobioten und Fleischesser, um nur einige zu nennen. Wir nehmen unseren Lebensstil sehr ernst und verteidigen ihn oft sehr offensiv. Wir klammern uns an unsere Lebenseinstellung und fühlen uns womöglich angegriffen, wenn uns andere nicht beipflichten.

Es gibt inzwischen zahlreiche Videos zu praktisch jeder Diätform. Wir können Gespräche mit Medizinern ansehen oder unterschiedliche wissenschaftliche Forschungsergebnisse studieren, die jeweils eine andere Ernährungsform propagieren. Wir Konsumenten fühlen uns oft überfordert von all diesen Informationen und fragen uns vielleicht, welchen Empfehlungen wir denn als Nächstes folgen sollten.

Ich bin keine Medizinerin und habe auch noch nie eine medizinische Abhandlung verfasst. Jedoch habe ich bei meinen Klienten und bei mir selbst beobachtet, dass alle Menschen, egal welche Diät sie praktizieren, das Potenzial haben, entweder gesund zu leben oder so, dass sie Beschwerden entwickeln. Es liegt nach meiner Erfahrung also nicht nur an unserer Ernährungsform, ob wir gesund bleiben oder nicht.

Es ist meist nicht sofort möglich, echte Gesundheit zu erlangen, aber es kann eine dauerhafte und authentische Gesundheit werden, wenn wir nicht nur die Symptome behandeln. Krankheiten stellen sich im Allgemeinen ein, wenn wir unseren Körper zu sehr beanspruchen oder missbrauchen oder ihm über eine längere Zeit vorenthalten, was ihn über lange Zeit gesund erhält.

Entzündungen, Infektionen und extremer Stress sind die Hauptursachen für Erkrankungen.

Wenn wir einfache Regeln befolgen, die nichts mit einer bestimmten Diät zu tun haben, sondern mit der Apotheke Gottes, die uns Mutter Natur bietet, helfen wir unserem Körper, vital, kraftvoll und gesund zu bleiben.

Unser Körper braucht 90 Tage, um einen völlig neuen, frischen Blutkreislauf zu erzeugen. Er braucht elf Monate, um Milliarden Zellen zu erneuern und nur zwei Jahre, um neue Knochen aufzubauen. Das sind wunderbare Nachrichten, denn sie zeigen uns, dass wir alles heilen können, was wir in unserem Körper verursacht haben – wenn wir uns ernsthaft dafür entscheiden, unser Leben langfristig und dauerhaft zu verbessern.

Der ganzheitliche Ansatz für eine stabile Gesundheit lautet, die Dinge zu beenden, die Krankheit und Beschwerden verursachen, und mit dem zu beginnen, die unseren Tempel neu aufbauen.

Die folgenden Hinweise enthalten einige schlichte, aber sehr wirksame Möglichkeiten, deine Gesundheit zu verbessern und dein Wohlbefinden langfristig zu sichern.

Sauerstoff

Die Energieerzeugung in unserem Körper hängt in erster Linie von der Aufnahme von Sauerstoff ab. Eine weitere wichtige Funktion von Sauerstoff ist die Verbindung mit Stoffwechselabfällen in unseren Zellen und deren Ausscheidung.

Eine einfache Methode, um unsere tägliche Sauerstoffaufnahme zu steigern, ist die Zwerchfellatmung. Dadurch wird der Stoffwechsel erhöht, die Belastungsfähigkeit verbessert und die Verdauung gefördert.

Die Übung mit der Zwerchfellatmung beginnt mit der Beobachtung unserer Atmung. Wir atmen zunächst einmal ganz normal. Dann atmen wir langsam und tief ein. Wir lassen die Luft durch unsere Nase bis in den Unterbauch strömen. Dabei erlauben wir unserem Bauch, sich ganz weit auszudehnen. Wir atmen dann wieder durch die Nase aus.

Als Nächstes wechseln wir normale und tiefe Atemzüge einige Male ab. Beobachte dabei, wie du dich mit dieser Atmung fühlst, und entspanne dich bei der Ausatmung, um allen Spannungen zu erlauben, deinen Körper zu verlassen.

Praktiziere die Zwerchfellatmung einige Minuten und halte dabei eine Hand sanft auf deinem Unterbauch, gerade unter dem Bauchnabel, und die andere auf deiner Brustmitte. Spüre, wie sich die untere Hand bei der tiefen Einatmung immer wieder ein oder zwei Zentimeter hebt und beim Ausatmen wieder sinkt. Dein Brustkorb wird sich im Gleichklang mit deinem Bauch ebenfalls etwas heben und senken. Dein Bauch sollte ganz weich und entspannt sein, um sich bei jedem tiefen Einatmen ganz ausdehnen zu können.

Du findest eine geführte Anleitung zur Zwerchfellatmung auf meinem YouTube-Kanal.[24] Zehn Minuten dieser fokussierten Zwerchfellatmung wird deine Sauerstoffaufnahme enorm verbessern und die Zellen mit frischer, neuer Energie versorgen, damit sie ihre Aufgaben leichter erfüllen können.

Wasser

Das Gehirn besteht aus 95 Prozent Wasser, unsere Lungen zu 90 Prozent und unser Blut zu 92 Prozent. Wenn unsere Wasserversorgung nur um zwei Prozent absinkt, kann das bereits erste Anzeichen von Austrocknung auslösen, zum Beispiel die Beeinträchtigung des Kurzzeitgedächtnisses, Schwierigkeiten bei einfachen Rechenaufgaben und Probleme, eine kleinere Schrift zu lesen. Wassermangel (Dehydration) kann auch eine Ursache für Müdigkeit und Erschöpfung während des Tages sein.

Wasser ist die Essenz allen Lebens, und wir können wirklich eine nachhaltige Verbesserung unserer Gesundheit herbeiführen, wenn wir ausreichend Wasser trinken. Ich möchte an dieser Stelle klar stellen, dass nach meiner Auffassung Kaffee, Tee, Softdrinks, Säfte oder Alkohol nicht als Wasser oder Wasserersatz zählen.

Pro Pfund unseres Körpergewichts sollten wir täglich 15 Milliliter Wasser trinken. Ein Mensch, der 135 Pfund wiegt, sollte demnach 2.025 Milliliter Wasser trinken, das sind rund zwei Liter pro Tag. Ausreichend Wasser hilft dem Körper, Entzündungen abklingen zu lassen, und »bewässert« die Organe, damit sie nicht im »Notfallmodus« arbeiten müssen.

Vergleiche deine Wasseraufnahme mit dem Öl, das du in dein Auto füllst. Du weißt, dass der Motor eine bestimmte Menge Öl braucht, um glatt und problemlos zu laufen. Dasselbe trifft auf deinen Körper in Bezug auf Wasser zu. Unsere Zellen brauchen es, um zu wachsen, auszuscheiden, uns zu schützen und zu ernähren. Ohne Wasser werden sie austrocknen, krank werden und ihre Funktion einstellen.

Tägliche Bewegung

Bewegung, Sport und Fitnessübungen brauchen wir, um unsere Gesundheit zu bewahren und das Risiko für Erkrankungen wie Diabetes Typ2, Krebs oder Kreislaufbeschwerden zu verringern.

30 Minuten tägliche Bewegung ist gut für unser Herz, weil es den Cholesterinspiegel absenkt und unseren Blutdruck ausgleicht. Es hilft auch dabei, ein gesundes Gewicht zu behalten. Tägliche Bewegung verbessert unsere Muskelspannung und unterstützt einen gesunden Schlaf. Außerdem werden Giftstoffe durch den Schweiß ausgeschieden.

Nach einer Studie der Mayo-Klinik reduziert körperliche Bewegung Depressionen, blockiert negative Gedanken und löst Sorgen auf. Sport hat auch Vorteile für unsere Psyche. Wir gewinnen mehr Selbstvertrauen und unser Selbstwertgefühl steigt.

Unsere Körper sind so gebaut, dass sie bewegt werden wollen. Unsere Lebensqualität wird nicht nur auf der körperlichen Ebene steigen, wenn wir die richtige körperlicher Aktivität finden, die unserem Lebensstil, unserem Körper, Alter und unseren Fähigkeiten entspricht.

Wende deine Übungen spielerisch an, zum Beispiel durch eine Mischung aus Stretching, Kreislaufübungen und einfach Spaß. Ich mache gerne einen meditativen Spaziergang im Wald oder springe auf meinem Trampolin herum, während ich Musik von »Pink« oder »Shakira« höre. Manchmal widme ich meine Stunde Yoga jemandem, der Unterstützung braucht. Ich mache die Übungen immer, auch wenn es mir schwerfällt – für die betreffende Person! Es motiviert mich, meine Yoga-Übungen zu machen, während ich liebevolle Gedanken an meine Familie und Freunde schicke.

30 Minuten sollten dein Ziel sein. Mehr ist tatsächlich nicht nötig. Natürlich kannst du mehr als eine halbe Stunde einsetzen, aber dich jeden Tag tatsächlich 30 Minuten zu bewegen, wird dich wirklich weit bringen. Deine Zellen bleiben elastisch, sind gut durchblutet und mit Sauerstoff angereichert. Du fühlst dich beweglich und kraftvoll, ganz egal, wie alt du bist.

Sonnenlicht

Das Licht der Sonne hat eine starke Heilkraft. Es regt an, tötet Bakterien ab und entspannt. Wenn wir uns im Freien aufhalten, nimmt unser Körper lebenswichtige Elemente durch das Sonnenlicht auf. Wissenschaftler haben längst herausgefunden, dass eine großartige Verbindung zwischen Licht und Gesundheit besteht. Licht wird zum Beispiel eingesetzt, um Hautkrankheiten zu behandeln, ebenso bei der Behandlung von Depressionen und nervösen Zuständen. Sonnenlicht stärkt auch unser Immunsystem auf besondere Weise.

Die Nervenenden absorbieren Energie aus dem Licht und senden sie durch den gesamten Körper. Das beruhigt übrigens auch unsere Nerven. Außerdem erzeugt Sonnenlicht Vitamin D, das wichtig ist für die Aufnahme von Kalzium, das Herzattacken vorbeugen kann. Menschen, die unter Schlaflosigkeit leiden, erleben eine deutliche Verbesserung, wenn sie sich täglich 15 bis 20 Minuten in der Sonne aufhalten.

Unser Tempel sollte regelmäßig der Energie des Sonnenlichts ausgesetzt werden, um richtig zu funktionieren. Schließlich sind wir Lichtwesen und Sonnenlicht auf unserer Haut ist wichtig für Gesundheit und Wohlbefinden.

Entgiftung

Alle Stoffe, die der Körper nicht mehr braucht oder die ihm schaden, müssen ausgeleitet werden, allen voran Giftstoffe und belastende Schlacken, damit unser Organismus Nährstoffe besser aufnehmen und verwerten kann.

Eine gute Entgiftung geschieht auf der physischen, der mentalen und der spirituellen Ebene. Ich möchte einige sehr nützliche Entgiftungsprogramme für die drei Bereiche vorstellen.

Körperliche Entgiftung mit dem Kaffee-Einlauf nach Dr. Gerson

Das Gerson-Institut schreibt: » Dr. Max Gerson entdeckte, dass bei Kaffee-Einläufen das Koffein über die Hämorrhoidalvenen und das Pförtnersystem im letzten Teil des Darms bis zur Leber gelangt. Hier öffnet das Koffein die Gallengänge und macht es der Leber möglich, jene Galle abzugeben, die Körpertoxine enthält. Ärzte der Universität von Minnesota konnten nachweisen, dass rektal verabreichtes Koffein auch ein Enzymsystem in der Leber anregt, sodass Enzyme (Glutathion-S-Transferasen) eine bis zu 700 % über dem Normalmaß liegende Aktivität entfalten. Diese hoch stimulierten Enzyme reagieren mit freien Radikalen, von denen man weiß, dass sie Zellschäden verursachen und den Blutkreislauf träge machen. Die neutralisierten

Substanzen werden in der Gallenflüssigkeit der Leber ausgelöst und durch den Gallenfluss von Leber und Gallenblase über den Darmtrakt wieder ausgeschieden.

Ein Gerson-Patient hält den Kaffee-Einlauf zwischen zwölf und 15 Minuten im Darm. Während dieser Zeit durchläuft das gesamte Blut vier- bis fünfmal die Leber und nimmt dabei Gifte auf, die aus den Zellen gelöst werden. Deshalb wirkt der Einlauf wie eine Art Blutdialyse über die Darmwand.

Es ist nicht der Zweck des Kaffee-Einlaufs, den Darm zu reinigen, sondern der knappe Liter Wasser, der im Einlauf enthalten ist, regt die Darmbewegungen an. Ein Teil des Wassers verdünnt die Galle und verstärkt den Gallefluss. Toxische Galle wird aus dem Darm geschwemmt.

Ein Patient, der unter einer chronischen degenerativen Krankheit oder an akuten Beschwerden leidet, kann vielfältigen Nutzen aus der regelmäßigen Anwendung von Kaffee-Einläufen ziehen, weil die toxische Belastung des Blutserums verringert wird.

Zu den weiteren Vorteilen zählen eine gesteigerte Zellenergie, eine verbesserte Zellgesundheit, ein verbesserter Blutkreislauf, eine höhere Widerstandskraft, eine bessere Zellreparatur und Regeneration der Zellen. Außerdem lindern Einläufe mit Kaffee Schmerzen, Übelkeit, allgemeine nervöse Anspannung und Depressionen.«[25]

Um den Einlauf mit Kaffee nach Dr. Gerson durchzuführen, brauchst du:

- Einlaufgerät oder Klistierpumpe, Eimer
- Rostfreier Kochtopf
- Bio-Kaffee
- Quellwasser bzw. destilliertes Wasser

Anwendung:

1. Für den Kaffee brauchst du drei Esslöffel Kaffeepulver auf einen Liter destilliertes Wasser oder Quellwasser. Lass das Wasser mit dem Kaffeepulver drei Minuten lang aufkochen, dann 20 Minuten sieden. Gieße die Flüssigkeit durch ein Sieb ab und warte, bis das Kaffeewasser auf Körpertemperatur abgekühlt ist.

2. Du kannst Kokosöl an die Düse oder Tülle des Einlaufgeräts oder der Klistierpumpe geben. Lege dich auf ein Handtuch auf dem Boden des Badezimmers bequem auf die rechte Seite, wobei du die Knie zu deinem Bauch ziehst.

Führe die Düse etwa drei Zentimeter in den After ein. Lasse das Kaffeewasser langsam einfließen. Stelle den Eimer nicht zu hoch, weil dann der Abfluss zu schnell ist.

Halte Handtücher oder Papierhandtücher bereit, falls etwas Kaffeewasser daneben geht. Mach es dir bequem und höre meditative Musik. Halte das Kaffeewasser zwölf bis 15 Minuten im Darm. Dr. Gerson hat festgestellt, dass alles Koffein nach zwölf Minuten aus der Flüssigkeit absorbiert wird.

3. Gib wieder ab. Das ist alles. Genieße es, all deine Toxine loszulassen, und stell dir vor, wie alles, was dir nicht mehr dient, deinen Körpertempel verlässt.

Der Kaffee-Einlauf ist eine einfache Methode, um die Leber anzuregen, Galle und Giftstoffe rasch auszuleiten. Man sollte den Einlauf während einer Reinigungskur nicht mehr als zweimal pro Woche durchführen und definitiv weniger oft, wenn man sich danach unwohl fühlt.

Deinen Elektrolythaushalt solltest du nach dem Einlauf wieder auffüllen, indem du frischen Saft trinkst. Karotten-, Rote-Bete- und Selleriesaft sind besonders empfehlenswert.

Mentale Entgiftung

Für die meisten Menschen sind Jammern und Klagen ein normaler Teil des Lebens, so wie das Atmen. Es geschieht unbewusst und ohne das Wissen darum, wie schädlich und ungesund es für unser Leben eigentlich ist.

Das bedeutet nun nicht, dass wir schlichtweg alles ignorieren, was uns stört, und es unter den Teppich kehren sollten. Es ist einfach eine Einladung, unsere Macht wieder in die eigenen Hände zu nehmen und konstruktiv daran zu arbeiten, Lösungen für Themen zu finden, die uns widerstreben.

Überlege jetzt einmal, über wie vieles du dich beklagst oder beschwerst. Es gibt Dinge, die wir nicht beherrschen, wie das Wetter, den Verkehr, die Politik, den Film, den wir uns gerade angesehen haben und nicht gut fanden, oder die Reality-TV-Show, die gerade den eigentlich besten

Teilnehmer abgewählt hat … um nur einige Dinge zu nennen, die wir nicht kontrollieren können.

Häufig verschwenden wir viel von unserer Energie damit, dass wir über diese Dinge klagen, ohne dadurch etwas ändern zu können. Wir erzeugen dabei für uns selbst ein Energiefeld, in dem sich eine Schwingung hält, die wir eigentlich nicht in unserem Leben haben wollen.

Unser Ärger bleibt in unserem eigenen Energiefeld und wirkt nur auf uns. Er hat keinerlei Folgen für die Fernsehshow, für den Film oder das Wetter, über das wir so unglücklich sind.

Dasselbe gilt auch für alles, über das wir uns beschweren, obwohl wir sogar einige Kontrolle darüber haben. Bei jeder Unzufriedenheit mit unserem Partner, mit Kindern, Angehörigen und Freunden, mit unserem Chef, mit Kollegen, dem Arbeitsumfeld und mit dem Leben allgemein gilt: Hier haben wir die Macht, etwas zu verändern, wenn wir das Problem angehen und dafür eine Lösung finden.

Unzufriedenheit und Beschwerden sind nicht lösungsorientiert. Klagen machen uns nur kraftlos.

Eine Beschwerde hat eine geringere Schwingungsenergie als eine Lösung. Die Mischung aus Frustration und Hilflosigkeit wird mit der Zeit immer intensiver und beeinträchtigt unsere Laune, unser Selbstwertgefühl und sogar unsere geistige Gesundheit im Allgemeinen.

Eine Erinnerung daran, wie unser Gehirn funktioniert: Im Gehirn arbeiten Milliarden von Synapsen zusammen. Wenn wir einen Gedanken haben, leiten die Synapsen diese Information weiter zur nächsten Synapse. Mit der Zeit wachsen die Synapsen stärker zusammen, und das wiederum macht es diesem speziellen Gedanken – sei er gut oder schlecht – leichter, ausgelöst zu werden. Anders gesagt: Gedanken können zur Gewohnheit werden. Wir müssen aber entscheiden, welche Gedanken wir denken und in welcher Art von Energiefeld wir leben wollen.

Unsere Lebensenergie bewegt sich immer in jene Richtung, welche unsere Gedanken uns vorgeben. Wenn wir »arm« denken, geht unsere Energie in Richtung Armut. Wenn wir optimistisch denken, werden wir offener für positive Möglichkeiten, die sich uns zeigen.

Ich möchte dich ermuntern, deine vielleicht vorhandenen Klage- und Beschwerdegewohnheiten zu ersetzen, indem du dein Gehirn trainierst, Dankbarkeit zu empfinden und zum Ausdruck zu bringen. Wenn wir unseren Fokus auf Dankbarkeit statt auf Klagen richten, dann gelingt uns eine gewaltige Energieverlagerung in unserem Wesen, die enorm zu unserem Wohlbefinden, zu besseren Beziehungen und zu mehr Lebensfreude beiträgt.

Dankbarkeitskalender und manche Dankbarkeitsübungen mögen dir recht schlicht erscheinen. Wenn wir unsere Gehirnsynapsen anleiten, sich auf Dankbarkeit und auf das Gute im Leben auszurichten, wird das eine positive und dauerhafte Wirkung für unser Leben zur Folge haben.

Dr. Robert A. Emmons hat Studien durchgeführt mit mehr als eintausend Teilnehmern im Alter von acht bis achtzig

Jahren. Er fand heraus, dass Menschen, die anhaltend dankbar waren, einen ganzen Schatz an Vorteilen hatten:

Physisch

- Stärkeres Immunsystem
- Weniger Beschwerden durch Schmerzen und Wehwehchen
- Niedrigerer Blutdruck
- Mehr Bewegung und besserer Umgang mit Gesundheit
- Längerer Schlaf und besser ausgeruht beim Aufwachen

Psychologisch

- Höhere Ebene von positiven Gefühlen
- Mehr geistige Wachheit und Lebendigkeit
- Mehr Lebensfreude und Lebensgenuss
- Mehr Optimismus und Glücksgefühle

Sozial

- Hilfsbereiter, großzügiger und mehr Mitgefühl
- Eher bereit zu verzeihen
- Offenheit im Umgang mit der Umwelt
- Fühlen sich weniger einsam oder isoliert

Es ist einfach, Dankbarkeit in unser Leben zu integrieren.

- Nimm dir ein paar Minuten vor dem Zubettgehen und schreibe die Dinge auf, für die du dankbar bist.
- Manche Menschen stellen sich einen Wecker, um während des Tages einen Moment innezuhalten und ihre Dankbarkeit zum Ausdruck zu bringen.
- Meine Lieblingszeit dafür ist kurz vor dem Einschlafen. Wenn ich gemütlich im Bett liege, finde ich zehn Gründe, dem Universum meine Dankbarkeit auszudrücken. Auf diese Weise bewegen sich meine schönen Erinnerungen vom Kopf ins Herz und sie können dann positiv ins Leben fließen.

Spirituelle Entgiftung durch Trennung aller Verstrickungen

Energetische Verbindungen habe ich im Kapitel »Energetische Schnüre« erklärt. Vielleicht magst du dort noch einmal nachlesen, um besser zu verstehen, wie energetische Schnüre funktionieren und uns beeinflussen. Dieselben Prinzipien gelten für die »spirituelle Entgiftung«.

Alle spirituellen Blockaden in unserem Energiefeld hemmen oder hindern uns sogar daran, uns in allen Bereichen unseres Lebens erfolgreich zu entfalten. Alles, was wie ein Code in unserem Feld eingeprägt ist, wie leidvolle Erfahrungen, karmische Prägungen, der emotionale Schmerzkörper und Glaubensmuster, wird sich auf unser gegenwärtiges Leben auswirken und auf das Wohlergehen unseres Tempels.

Spirituelle Entgiftung zur Beseitigung aller ungesunden bzw. schädlichen Verstrickungen in deinem Energiefeld

Stelle dir eine kleinere Version deiner selbst vor, die vor dir schwebt. Habe die feste Absicht, alle Schnüre oder Stränge zu lösen und zu beseitigen, die dir nicht mehr dienen.

Stelle dir einen Diamantkristall vor und durchtrenne mit ihm die Schnüre deines Energiekörpers (weg von deinem Körper). Überlasse es der göttlichen Energie, sich um die abgetrennten Verbindungen zu kümmern.

Du kannst das kleine Bild von dir, das du dir vorgestellt hast, mit dem Diamantkristall umkreisen und bei den Füßen anfangen, die Schnüre durchzutrennen. Du arbeitest dich langsam bis zum Kopf bzw. zum siebenten Chakra hinauf.

Lass deine Hände langsam über die Aura des kleineren Bildes von dir gleiten und glätte alle Schnitte, Risse oder Löcher, welche vielleicht durch diese Prozedur entstanden sind. Du stärkst dann die Membran deiner Aura und machst sie widerstandsfähig gegen alle äußeren Einflüsse. Wenn die Aurawand wieder repariert ist, halte beide Hände um sie und lasse göttliches weißes Licht in sie einströmen. Diese universelle Energie füllt deine Aura wie Luft einen Ballon und wird dir mehr Kraft, neue Inspirationen und bessere Perspektiven auf das Leben vermitteln.

Jetzt, nachdem du von der koabhängigen Energie befreit bist, solltest du deinen Blick von den bisherigen Erfahrungen abwenden und dich nicht mehr darauf fokussieren. Bemühe dich nicht herauszufinden, wie es der anderen Person in ihrer weiteren Entwicklung geht, und versuche auch nicht, den anderen Menschen »geradezubiegen« – denn so etwas würde alle negativen Verbindungen immer wieder reaktivieren.

Denk dran, emotional losgelöst und unverbunden zu bleiben, wenn der andere, der mit dir durch Energieschnüre verbunden war bzw. ist, sich nach dir ausstreckt. Du kannst der anderen Seele bedingungslose Liebe senden und die bei dir abgetrennten Stränge dem Universum übergeben, um sie ab jetzt zu nähren und zu versorgen. Jeder Mensch, auch die Person, die dich Energie gekostet hat, braucht Liebe und verdient Liebe, um im eigenen Leben voranzugehen.

Falls du anfängst zu gähnen, dich müde fühlst oder recht emotional wirst, ist das ein Zeichen dafür, dass du einige Verbindungen gelöst hast, die dir nicht mehr gedient haben. Gähnen ist allgemein ein gutes Zeichen dafür, dass Energie frei wird. Mehrere Gehirnscan-Studien haben gezeigt, dass Gähnen eine einzigartige neuronale Aktivität in jenen Arealen des Gehirns auslöst, die mit allgemeiner sozialer Bewusstheit und Gefühlen der Empathie zu tun haben. Erlaube deinem Körper, alte Verstrickungen loszulassen, auch wenn das vielleicht nicht immer unserer gesellschaftlichen Etikette entspricht.

Sobald wir diese Entgiftung durchgeführt haben, werden wir bemerken, dass auch unsere Zellen absolut positiv darauf reagieren. Körperliche Schmerzen lösen sich dabei auf wundersame Weise auf, alte chronische Beschwerden verschwinden, und wir fühlen uns leichter und friedvoller. Ich glaube, dass eine geistige Entgiftung den Einsatz mehr als wert ist.

Richtige Ernährung

Eine richtige Ernährung besteht für uns in einem ausgewogenen Verhältnis zwischen mageren Proteinen, Kohlehydraten und Fetten. Obst und Gemüse liefern unserem Körper die notwendigen Vitamine und Mineralien, um Krankheiten abzuwehren und sowohl den Blutzuckerspiegel als auch den Blutdruck zu senken. Die Faserstoffe von Obst und Gemüse reinigen Dünndarm und Dickdarm, damit sie nicht verstopfen oder sich entzünden, was zu Krankheiten und sogar zu Krebs führen könnte.

Du kannst deinen Gesundheitszustand überprüfen, wenn du nachschaust, wie gesund der Gaumen, die Mundschleimhäute und deine Zähne sind, und wie regelmäßig du Stuhlgang hast. Wenn Gaumen, Schleimhäute oder Zähne entzündet sind und eventuell auch bluten, oder wenn du nicht mindestens einmal am Tag Stuhlgang hast, dann weißt du, dass der Körper deine Aufmerksamkeit, Fürsorge und Hilfe braucht.

Um deine Ernährung ins Lot zu bringen, ist es ein guter Anfang, auf stark verarbeitete bzw. raffinierte Lebensmittel, Tiefkühlprodukte und gebratene Lebensmittel zu verzichten. Versuche auch, dich so gut wie möglich von Zucker fernzuhalten. Frische Lebensmittel sollten innerhalb einer Woche nach dem Einkauf verbraucht werden. Iss also, wenn möglich, Lebensmittel, die naturbelassen sind, damit unsere Zellen die Nährstoffe aufnehmen können.

Kaffee, Zucker, Alkohol und Nikotin sind schädlich für Herz und Gehirn, weil sie die Gefäße verengen. Verengte Blutgefäße können zu Bluthochdruck führen und das Risiko für Herzinfarkt und Schlaganfall erhöhen.

Wie ich bereits in einem früheren Kapitel dargelegt habe, hat die Nahrung, die wir aufnehmen, Einfluss darauf, mit wie viel Energie der präfrontale Cortex unseres Gehirns arbeiten kann. Dieser Bereich des Gehirns ist zuständig für komplexe kognitive Verhaltensmuster, für den Selbstausdruck unserer Persönlichkeit, für Entscheidungen und unser Sozialverhalten.

Ich möchte es noch direkter und einfacher sagen: Wenn wir nicht die richtige Nahrung essen, dann bekommt unser Gehirn nicht den richtigen Treibstoff. Wir werden mürrisch, sind leicht reizbar, neigen zu depressiven Verstimmungen, sind schnell erschöpft und verhalten uns völlig anders, als wir eigentlich sind.

Ich habe meine eigenen Erfahrungen mit Diäten gesammelt und gelernt, dass jeder Mensch ganz für sich selbst herausfinden muss, was für ihn stimmig ist. Acht Jahre lang habe ich mich vegan ernährt. Dann wurde ich ohne jede Vorwarnung krank und wusste nicht, wie ich meine Gesundheit wieder in Balance bringen konnte. Ich hatte ernst zu nehmende Atembeschwerden und fühlte mich wie ein Fisch auf dem Trockenen. Meine Homöopathin bat mich, ihr zu vertrauen, und gab mir Bio-Entenleber zu essen. Sie lächelte, als sie mein angeekeltes Gesicht sah, und meinte, dass sie das aus rein medizinischen Gründen »verschreiben« würde. Ich folgte ihrem Rat und fühlte mich schon nach wenigen Minuten besser. Meine vegane Ernährung hatte mir einige wesentliche Fette und Proteine entzogen. Seither gehört Protein aus Fleisch zu meiner Ernährung und ich bin gesünder und stabiler als je zuvor.

Vertraue deinem Tempel und deinem Instinkt bei der Entscheidung, was gut für dich ist, anstatt neuen Trends zu folgen oder gar den Ansichten von Prominenten. Du weißt, was gut für dich ist, wenn du auf deinen Körper hörst.

Falls du Schwierigkeiten hast, bestimmte Nahrungsmittel oder Getränke wegzulassen, bist du vielleicht süchtig danach. Du solltest versuchen herauszufinden, was dieses zwanghafte Verhalten dir sagen will. Eine Faustregel lautet: Je mehr Vorwände du findest, um an etwas festzuhalten, desto wahrscheinlicher ist es, dass du es aufgeben solltest.

Im Anhang findest du einige Bücher zum Thema gesunde Ernährung. Manche sind nur auf Englisch erhältlich. Sie werden dir dabei helfen, deinen Tempel so sauber und schön wie möglich zu gestalten und zu bewahren.

Seit ich die Ernährungsform gefunden habe, die zu meinem Körper, Geist und Spirit passt, weiß ich auch, wie es sich wirklich anfühlt, ganz gesund zu sein. Ich hoffe, dass du für dich ein Leben kreierst, das deinen Tempel ebenfalls ehrt und pflegt.

Das Beste zum Schluss – die Akasha-Bibliothek

»Willkommen zu Hause!«

AKASHA-CHRONIK

Natürlich muss ich auch über die Akasha-Chronik sprechen. Sie ist schließlich die Quelle meiner Schöpfung, die Kraft, die mich antreibt und die beruhigende Orientierung, dass ich und wir alle mit einander verbunden sind und unendlich geliebt werden.

Die AC ist meine »wahre Liebe«. Jene Quelle, die in uns immer das Licht sieht. Die sanfte Führung der Meister und Lehrer lässt uns immer wissen, dass wir mehr geliebt werden, als wir uns vorstellen können. Es gibt dort keine Bewertungen. Weder über mich noch über andere. Auch wenn wir klar erkennen können, dass jemand ein »Außenseiter« ist und falsch liegt, wird die Antwort der AC immer liebevoll, geduldig und voller Verständnis vermittelt. Sie wird immer Bewusstsein und bedingungslose Liebe sein und uns so anleiten, dass unser Spirit erhoben wird.

Unsere Meister und Lehrer sind nur eine Schwingung von uns entfernt. Wir können uns ganz einfach und leicht mit ihnen verbinden, wann immer wir die Absicht haben. Wenn meine Schüler zum ersten Mal in die Verbindung mit ihren eigenen Meistern und Lehrern gehen, werden sie oft liebevoll begrüßt, zum Beispiel so: »Willkommen zu Hause, mein Kind.« Dieser Satz ist sehr kraftvoll, weil er klarstellt, wo unsere wahre Heimat ist. Denn unsere Existenz auf der Erde ist ja eher eine Entwicklungsreise als eine ewig dauernde Utopie.

Viele Menschen haben ein stark eingeschränktes Verständnis der AC. Damit meine ich, dass wir durch unsere Wahrnehmung begrenzt sind, weil unsere Sicht auf das Leben von unserem menschlichen Erleben und Verstehen bestimmt wird. So macht das Leben mehr Sinn und lässt sich viel einfacher begreifen. Wir denken oft »parallel« und häufig sogar nur zweidimensional, wenn wir glauben, dass die Führer und göttlichen Helfer so aussehen, denken und handeln wie wir. Das ist aber eine sehr stark vereinfachte Sichtweise und sie entspricht nicht immer meinen Erfahrungen.

Je mehr Angst wir vor der Zukunft haben oder Wert auf materielle Dinge legen, desto mehr verschwindet unser authentisches Wesen und damit die Möglichkeit, uns mit unserer AC zu verbinden. Wenn wir glauben, dass der Tod real ist und wir einen Weg finden müssen, um zu überleben, dann übergeben wir all unsere Macht unserem Ego. Mit anderen Worten gesagt: Unser Ego möchte uns nur allzu gern glauben lassen, dass es der einzige allmächtige Gott ist und dass wir weder unserer eigenen intuitiven Kraft vertrauen noch uns darauf verlassen können, dass eine höhere Quelle uns unterstützt.

Das ist natürlich nicht so. Ich unterrichte seit vielen Jahren Menschen darin, wie sie Zugang zu ihrer eigenen AC erlangen können. Neben der Einführung, wie man den Zugang erhält, gibt es bestimmte Übungen, die beweisen, dass wir von einer höheren Macht geführt werden. Wir arbeiten mit Übungen, die uns zeigen, wie kraftvoll wir sind, dass wir immer geliebt und unterstützt werden, und die uns helfen, dem Sinn des Lebens näherzukommen.

Zusätzlich biete ich monatliche Onlinekurse für Fortgeschrittene an, in denen alle Teilnehmer an denselben Themen arbeiten, zum Beispiel Wohlstand, Gesundheitspflege, Ernährung, globale Wirtschaft, um nur einige zu nennen. Es ist wirklich verblüffend, dass die Antworten, welche die Teilnehmer aus der AC erhalten, sich nicht nur entsprechen bzw. ergänzen, sondern auch dieselben liebevollen Botschaften enthalten.

Die Verbindung zur AC hilft uns, Antworten auf jene Themen und Sorgen zu finden, die uns am stärksten herausfordern oder ängstigen. Diese Verbindung erhöht unsere Energie, beruhigt unser Ego und unterstützt uns dabei, in Übereinstimmung mit unserer Seelenaufgabe zu leben.

Es folgen einige Fallbeispiele von Readings. Sie belegen das umfassende Wissen der AC und helfen uns auf diese Weise dabei, unsere eigene Macht zu begreifen und sinnvoll einzusetzen.

Im Slang sprechen

Bob, ein neuer Klient, erzählte von seiner Karriere und seiner Partnerschaft, er bat um Rat und Klärung. Dann wollte Bob wissen, wie es seinem Sohn so ging. Ich erinnere mich ganz deutlich, wie sich die Energie des Readings an diesem Punkt veränderte. Ich spürte sehr viel Liebe von den Meistern und Lehrern und fühlte den Kummer in seinem Herzen.

Ich folgte der Führung, die ich erhielt, und sagte dem Vater, dass sein Sohn im Himmel sei und eine Botschaft für seinen Papa hatte. Da ich weder meinen Klienten noch seinen Sohn kannte, fragte ich Bob, ob er mit der Botschaft etwas anfangen konnte. Seine emotionale Reaktion war mehr als genug an Bestätigung.

Angefangen hatte ich ganz normal, überbrachte Bob seine Botschaft aus der AC, sprach mit sanfter Stimme Englisch mit deutschem Akzent und erklärte ihm, dass sein Sohn jetzt an einem richtig guten Ort war.

Plötzlich veränderte sich meine Stimme. Sie wurde lauter, etwas aggressiv und der Akzent veränderte sich, sodass ich Slang sprach. Ich weiß, dass ich das willentlich gar nicht zustande bringen würde, selbst wenn ich mich bemühen würde. So spreche ich nicht. Dazu bewegten sich meine Hände merkwürdig, so wie ich es bei Rappern in Fernsehsendungen gesehen hatte. Ich war völlig verblüfft.

Mein Klient fing an zu lachen und sagte: »Genau so sprach mein Sohn immer.« Dann berichtete Bob, dass sein

Sohn in einem Bandenkrieg ermordet worden war. Der Name des Sohnes wurde mir aus der AC nicht mitgeteilt, aber die Energie, die durchkam, war mehr als ausreichend, um meinem Klienten zu beweisen, dass sein Sohn, obwohl er nicht mehr auf dieser Ebene weilte, sehr wohl lebendig und bei ihm war.

Ich blieb mit Bob und seiner Frau über viele Jahre in Verbindung und bin sehr froh, dass es ihnen gelungen ist, diese schmerzliche Erfahrung zu verarbeiten und ihre Kraft in etwas zu lenken, das vielen Menschen hilft, den Verlust eines geliebten Menschen zu heilen.

Ist da Wasser im Schwimmbad?

Je mehr du deiner eigenen Verbindung zur AC vertraust, desto einfacher wirst du die erstaunlichsten Botschaften erhalten. Ich musste mir wie viele andere Menschen dieses Vertrauen auch erst erarbeiten. Anfangs fiel es mir gar nicht so leicht, AC-Readings zu geben. Ich wollte gute Arbeit leisten und meinen Klienten wirklich helfen.

Einmal sagte ich meinen Meistern und Lehrern, dass sich ein Reading für mich so anfühlt, als ob ich auf dem Sprungbrett eines Schwimmbads stehe und nicht weiß, wie warm oder kalt das Wasser ist. Sie lächelten und antworteten: »Nein, Kind, du weißt noch nicht einmal, ob im Schwimmbad überhaupt Wasser ist oder nicht. Aber unsere Verbindung hatte noch nie etwas mit dem

Schwimmbad zu tun. Es geht immer um deine Fähigkeit zu fliegen.«

Hatte ich schon erwähnt, dass sie einen tollen Sinn für Humor haben? Dein Ego wird dir immer alle möglichen Gründe dafür liefern, warum du der göttlichen Führung nicht unbedingt vertrauen solltest. Wenn du jedoch erst einmal deine Ängste loslässt und einer höheren Präsenz vertraust, dann wirst auch du Zugang zu deinen eigenen magischen Kräften erlangen.

Fünf Shih-Tzu-Hunde

Wenn wir erkennen, dass es im Leben mehr gibt als das, was wir mit unseren Sinnen wahrnehmen können, kommen wir Gott näher. Deshalb ist jede Bestätigung aus der AC so eindrucksvoll. Meine Klientin Anne fragte ganz ausdrücklich nach einem verstorbenen Freund. Sie wollte sicher sein, dass es ihm gut geht. Ihr Freund kam sofort. Ich sah zuerst einen Mann und seine Hände. Aus einer seiner Hände kamen fünf Linien, so ähnlich wie bei der Hauptfigur des Films »Edward mit den Scherenhänden«. In der anderen Hand hielt er einen Stock. Meine Klientin fing an zu lachen, als sie meine Beschreibung hörte. Offenbar hatte Annes Freund fünf kleine tibetische Shih-Tzu-Hunde gehabt. Er führte sie an fünf Leinen aus und mit dem Stock leitete er sie. Diese Details überzeugten Anne, dass alle weiteren Botschaften wirklich direkt von ihrem Freund stammten.

Das Leben ist wie ein Schachspiel

Während ich an diesem Buch arbeitete, fragte ich meine AC, warum wir unsere Übungen nicht direkt auf unsere Problembereiche richten. Warum erleben wir Heilung und Linderung unserer Verhaltensmuster und Probleme, wenn wir unsere Aufmerksamkeit darauf ausrichteten, gesünder zu essen, uns körperlich zu bewegen oder Vergebungsarbeit zu leisten?

Die Antwort war einfach und zugleich tiefgründig. Das Leben ist wie ein Schachspiel. Alles hängt mit allem zusammen. Wenn wir auch nur einen Bauern bewegen, die »niedrigste« Figur im Schachspiel, kann sich das Ergebnis des gesamten Spiels verändern. Ähnlich ist es in unserem Leben: Wenn wir unsere Energie nur in einem Bereich unseres Lebens verändern, selbst wenn er uns unbedeutend erscheint, dann verändert sich auch die Energie in allen anderen Bereichen. Egal, wie unwichtig der Zug erscheinen mag – er hat die Macht, das gesamte Spiel zu unseren Gunsten zu entscheiden.

Wie Wachstumsringe der Bäume

Warum können wir eigentlich nicht einfach unsere Lektionen lernen und es dann gut sein lassen? Weil wir in Stufen lernen. Es gibt Zeiten, in denen wir lernen, und Zeiten, um uns auszuruhen, zu erholen und nachzudenken.

Wenn wir einen Baum fällen, sehen wir seine Wachstumsringe. Jeder Ring liefert uns Informationen darüber, wie schnell der Baum im Winter, Frühling, Sommer und Herbst gewachsen ist.

Es wäre gut für uns, wie ein Baum zu wachsen und immer wieder Ruhephasen einzulegen. Ein Baum ist im Einklang mit den Jahreszeiten des Lebens. Wir dagegen verlangen vom Leben meist, dass es uns ständig irgendetwas geben soll. Wir wollen nur Sommer und Herbst erleben, weil dann alles blüht bzw. geerntet werden kann.

Um im Frieden mit dem Zyklus des Lebens zu sein, müssen wir wie ein Baum werden. Ein Baum beginnt im Frühling zu blühen, steht im Sommer in voller Kraft und bringt im Herbst seine Früchte und Nüsse hervor. Im Winter zieht er sich in sich selbst zurück und sammelt neue Energie für den nächsten Frühling. Der Baum gerät am Ende des Herbstes nicht in Panik und ist besorgt, dass er im Winter nicht so produktiv ist. Die göttliche Information über den Zyklus des Lebens ist in unserer DNA ebenso gespeichert wie in der des Baumes.

Wir können unsere Überlebensängste loslassen und wie ein Baum in Phasen wachsen und gedeihen. Erholung und Kontemplation sind also auch ein Teil unseres Entwicklungsprogramms.

Der letzte Samurai

Dies ist vermutlich eine der erstaunlichsten Geschichten, die ich mit dir teilen kann. Vor vielen Jahren habe ich ein AC-Seminar am »Chakra Samvara Center« in Miami Beach geleitet mit wunderbaren Gruppen und Teilnehmern aus allen Schichten der Gesellschaft. Oft hatten wir buddhistische Mönche und sogar Rinpoches[26] dabei, die das Zentrum häufig besuchten und dann auch an meinen AC-Seminaren teilnahmen. Sie brachten ihre eigenen Übersetzer mit, da sie mehr Tibetisch als Englisch sprachen.

Ich selbst bin keine Buddhistin, aber immer daran interessiert, andere Kulturen und Glaubensrichtungen kennenzulernen. Dabei stellte ich fest, dass buddhistische Mönche gerne debattieren. Ich hatte mir früher immer vorgestellt, dass tibetische Mönche in der Stille sitzen und meditieren. Dieses Bild war jedoch nicht zutreffend. Alles musste diskutiert werden. Während eines Seminars merkte ich, wie die Energie der nicht buddhistischen Teilnehmer absackte. Es war ermüdend, dass wir nicht mit den Übungen vorankamen, sondern stattdessen viel debattierten.

Ich bat meine Meister und Lehrer um Unterstützung. Ich werde normalerweise nicht müde, wenn ich in der AC bin. Dabei spielt es keine Rolle, ob du mich etwas über das Wetter fragst oder die tiefsten spirituellen Dinge erforschen möchtest. Ich bin ja nicht diejenige, welche die Fragen beantwortet. Warum sollte ich dann also müde werden? Aber dieses Mal wurde auch ich durch die ständigen Unterbrechungen müde. Ich bat meine Meister und Lehrer schließlich, mich etwas sagen zu lassen, das die diskussionsfreudigen Mönche bis zum Ende des Seminars zufriedenstellen würde.

Die Meister und Lehrer erinnerten mich an eine Szene aus dem Film »Der letzte Samurai«, der wenige Wochen vorher angelaufen war. Ich wandte mich an den Rinpoche und seinen Übersetzer und fragte ihn, ob er von diesem Film gehört hätte, was sie bejahten. Dann beschrieb ich ihnen eine Szene, in der ein kleiner Junge dem Hauptdarsteller im Film sagt, dass er nur dann wie ein Samurai kämpfen könne, wenn er »no mind« hätte, also Ego und Bewusstsein losgelassen hätte.

Im Raum wurde es still. Die Mönche saßen schweigend auf ihren Stühlen. Ich wurde etwas nervös und fragte in meiner AC nach, ob ich die Botschaft richtig übermittelt hätte. Ich erhielt die Antwort »Warte bitte ab«. Ich wartete, bis der vorher sehr debattierfreudige Rinpoche mir auf Englisch und ohne die Hilfe seines Übersetzers antwortete: »Der Regisseur des Films ist mein Freund. Ich war dabei, als gerade diese Szene für ›Der letzte Samurai‹ gedreht wurde.« Das war alles, was er sagte.

Dann nahm er wie alle anderen Schüler am Seminar teil, machte die Übungen und fügte sich in den Ablauf ein.

Diese Erfahrung war für mich genauso bedeutend wie für die Mönche. Für die Buddhisten war es eine deutliche Bestätigung, dass die Energie der AC präsent ist und mit ihnen kommuniziert. Für mich war es eine wundervolle Erinnerung daran, dass ich nie allein bin und immer von der Weisheit der Meister und Lehrer geführt werde. Ich muss nur darauf vertrauen.

Es gibt eine bald endlose Liste von Geschichten, die ich hier teilen könnte. Geschichten, die dich auf eine virtuelle Einkaufstour mitnehmen, um alle finanziellen Probleme zu überwinden, die du vielleicht hast. Geschichten, die dir helfen, Gott in dir selbst und in anderen zu sehen. Geschichten über frühere Leben oder Erfahrungen mit dem inneren Kind.

Letztlich enthalten sie alle dieselbe Botschaft: »Du bist nicht allein, du wirst über alle Maßen geliebt und du bist viel mächtiger, als dir bewusst ist.«

TEIL VI

Du bist das Wunder

Deine Kraft entfalten

»Ich verspreche mir selbst ein Leben voller Wunder.«

GABRIELLE ORR

Ich liebe es, wenn Dinge rund werden, wenn sich ein Kreis schließt. Für mich bedeutet das, dass wir an einen Punkt unserer Reise gelangen, den wir früher schon einmal besucht haben. Es gibt jedoch einen spürbaren Unterschied bei unserem zweiten Besuch, weil sich unsere Energie inzwischen verändert hat, und wir deshalb eine andere Perspektive einnehmen können. Stell dir deine Lebensreise wie einen dieser künstlichen Weihnachtsbäume vor, die sich spiralförmig nach oben recken.

Während du dein Leben durchschreitest, bewegst du dich in dieser Spirale aufwärts. Eine Seite dieses Baums stellt deine Schatten- und Problemthemen dar. Die andere repräsentiert dein Licht, deine Freude und deine Gaben. Während du in dieser Spirale des Lebens nach oben gehst, durchquerst du Licht und Schatten. Jedes Mal, wenn du auf deiner Schattenseite bist, erlebst du ihre Herausforderungen aus einer höheren Perspektive. Du bleibst nicht derselbe bzw. dieselbe, denn du entwickelst dich weiter, du wächst und wirst immer mehr zu einem authentischen Wesen.

Ich hoffe, dass dir dieses Buch als ein hilfreicher Begleiter auf deiner Reise dienen kann.

Nimm es ab und zu zur Hand und lies nach dem Zufallsprinzip den einen oder anderen Teil, um dir etwas noch einmal in Erinnerung zu rufen und deine Synapsen zu stärken. Vertraue darauf, dass deine innere Führung dich zu dem Abschnitt führen wird, der dich in diesem Moment am meisten unterstützt.

Stell es dir so vor, als ob du dein Gelübde für dich selbst erneuerst. Versprich dir selbst, dass du dich immer an deine eigene Kraft erinnern und dich um dich selbst kümmern wirst. Du kannst die folgenden Aussagen wie Mantren anwenden und dich von ihrem Klang auf die nächsthöhere Ebene deines »Weihnachtsbaums« begleiten lassen.

- Ich gelobe, dass ich mich jeden Tag um mich selbst gut kümmere.
- Ich gelobe, meinen spirituellen Weg zu achten und ein wundervolles Leben zu führen.
- Ich gelobe, an mich selbst und an meine eigene Kraft zu glauben.

- Ich gelobe, das Wunder, das ich bin, zu leben und zu lieben.

Ich habe immer göttliche Schönheit und Wunder in dir gesehen. Jetzt habe ich dir die Werkzeuge gegeben, damit du deine Kraft entfalten kannst, um auf deiner Reise ins Glück auf der richtigen Spur zu bleiben und dein Licht in der Welt scheinen zu lassen – so wie es für dich stimmig ist.

Ich sehe Gott in Dir. ☺

Du selbst bist wahrhaftig das Wunder,
und so ist es!

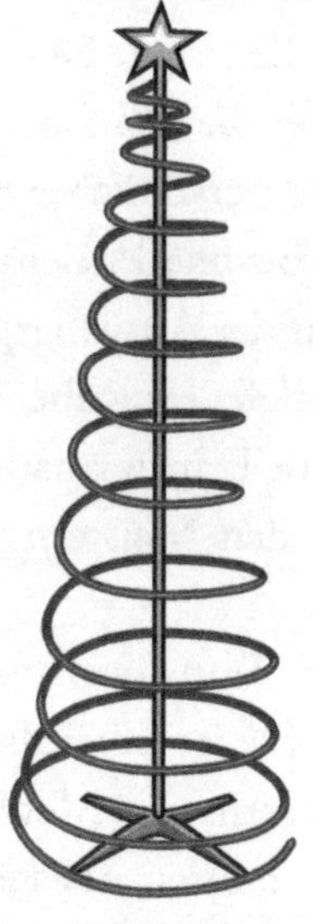

Über die Autorin

»Es gibt welche, die wissen und wissen, dass sie wissen.
Folge ihnen nicht, denn wenn sie wirklich wissen, dass sie wissen,
möchten sie nicht, dass andere ihnen folgen.
Aber höre gut hin, was sie dir zu sagen haben,
denn sie könnten etwas sagen, was dich an etwas erinnert,
das du schon weißt!«

UNBEKANNT

Gabrielle Orr ist eine spirituelle Lehrerin, Autorin und Motivationsrednerin. Sie ist in Deutschland geboren und mit Anfang zwanzig in die USA gezogen. Früh im Leben entdeckte sie aufgrund persönlicher Herausforderungen in ihrer Kindheit die liebevolle Präsenz und Macht der AC. Diese Entdeckung war der Ausgangspunkt einer intensiven inneren Reise. Ihre tiefe Hingabe, ihr Verständnis und Engagement sowie ihre Transformation ist vor allem durch ihre Verbindung mit den Meistern und Lehrern der AC entstanden.

Gabrielle bietet ihre Transformationsarbeit Einzelpersonen und Gruppen an. Sie ist dabei als Akasha-Chronik-Beraterin, spirituelle Lehrerin und Motivatorin tätig. Es bereitet ihre große Freude, in ihren Akasha-Chronik-Seminaren die praktische Anwendung von Selbstliebe, Vergebung und Selbstermächtigung zu vermitteln. Sie hält ihre Seminare mit der außergewöhnlichen Annäherung an eine praktische und ganzheitliche Spiritualität international, bisher in den USA, Deutschland, Polen und der Schweiz. Im Rahmen ihres besonderen Trainingsprogramms bildet sie in den USA und in Europa auch ausgewählte Akasha-Chronik-LehrerInnen aus. Um mit ihren Klienten, Schülern und Anhängern in Verbindung zu bleiben, was einer ihrer tiefsten Herzenswünsche ist, bietet sie im Internet regelmäßig Seminare und Workshops an.

Gabrielle Orrs erstes Buch »Akasha-Chronik – One True Love« (Ansata Verlag) wurde bisher in drei Sprachen übersetzt. Sie war zu sehen auf »Gaia TV«, bei »Lilou Mace«, »Welt im Wandel« (www.welt-im-wandel.tv), »Inner Spark Radio« sowie im polnischen Sender »Porozmawiajmy TV«.

Gabrielle Orr lebt mit ihrem Mann Eddie und ihrer Katze Saily in den wunderschönen Smokey Mountains in North Carolina.

Leseempfehlungen

»Es gibt drei Sorten von Menschen:
Die eine lernt durch Lesen.
Recht wenige lernen durch Beobachtung.
Der Rest muss selbst an einen Elektrozaun pieseln.«

WILL ROGERS

Alexander, Eben: Blick in die Ewigkeit. München 2013

Brennan, Barbara Ann: Licht-Heilung. Der Prozess der Genesung auf allen Ebenen von Körper, Gefühl und Geist. München 1994

Kübler-Ross, Elisabeth: Interviews mit Sterbenden. Hamburg 2014

Laszlo, Ervin: Zuhause im Universum. Die neue Vision der Wirklichkeit. Berlin 2005

Lipton, Bruce: Intelligente Zellen. Wie Erfahrungen unsere Gene steuern. Burgrain 2016

Moorjani, Anita: Heilung im Licht. Wie ich durch eine Nahtoderfahrung den Krebs besiegte und neu geboren wurde. München 2015

Nepo, Mark: Seven Thousand Ways to Listen: Staying Close to What Is Sacred. New York 2013

Pressfield, Steven: Morgen fange ich an … Warum nicht heute? München 2003

Sudman, Natalie: Die Wirklichkeit des Unmöglichen. Meine Nahtoderfahrung im Irak. Goch 2015

Weiss, Brian L.: Messages from the Masters. Tapping into the Power of Love. New York 2001

Bücher über gesunde Ernährung

Stein, Elizabeth: Eating Purely: More Than 100 All-Natural, Organic, Gluten-Free Recipes for a Healthy Life. New York 2015

Peeke, Pam: The Hunger Fix: The Three-Stage Detox and Recovery Plan for Overeating and Food Addiction. Emmaus/ New York 2012

Sanfilippo, Diane: The 21-Day Sugar Detox: Bust Sugar & Carb Cravings Naturally. Las Vegas 2013

Hartwig, Melissa: RESET. Schalten Sie Ihre Ernährung auf gesund. Das 30-Tage-Programm. München 2016

Anmerkungen

1 Im Original »Akashic Records«; neben der Bezeichnung Akasha-Chronik findet man auch die Begriffe Akasha-Aufzeichnungen oder Akasha-Bibliothek. (Anm. d. Ü.)
2 Ab hier wird die Abkürzung AC für Akasha-Chronik verwendet. (Vorgabe der Autorin)
3 Deutsche Ausgabe: Tibetisches Heilwissen, Herder Verlag
4 Eigentlich: »Die Biologie des Glaubens« (bzw. der Glaubensmuster); deutsche Ausgabe: »Intelligente Zellen. Wie Erfahrungen unsere Gene steuern«
5 Nur auf Englisch bei Harvard University Press erschienen.
6 Im Original »mind«; im Deutschen kann das vieles umfassen: von Bewusstsein über Geist bis zu Verstand
7 Deutsche Ausgabe: »Blick in die Ewigkeit. Die faszinierende Nahtoderfahrung eines Neurochirurgen«
8 Deutsche Ausgabe: »Heilung im Licht. Wie ich durch eine Nahtoderfahrung den Krebs besiegte und neu geboren wurde«
9 Deutsche Ausgabe: »Die Wirklichkeit des Unmöglichen. Meine Nahtoderfahrung im Irak«
10 Deutsche Ausgaben: »Licht-Heilung. Der Prozess der Genesung auf allen Ebenen von Körper, Gefühl und Geist« und »Licht-Arbeit. Heilen mit Energiefeldern«
11 Deutsche Ausgabe: »Das Seelenleben des Ungeborenen«; evtl. nur noch antiquarisch
12 Quelle: »Manual for Rebirthers« von Fanny van Laere & Leonard Orr; Google Books, S. 63

13 Im Original »metaphysics«; umschreibt im Amerikanischen das, was wir »Esoterik« nennen. (Anm. d. Ü.)

14 Deutsche Ausgabe: »Zuhause im Universum«

15 Eine Comic-Figur aus den 1960er-Jahren, die sich bei einem Wutanfall in eine grüne Monstergestalt verwandelt.

16 Erschienen im Ansata Verlag, München

17 Im Original mit seinem früheren Namen bezeichnet: Bhagwan Shree Rajneesh (Anm. d. Ü.)

18 Kostenlose Videos von führenden Fachleuten; mehr dazu hier: https://de.wikipedia.org/wiki/TED_(Konferenz) (Anm. d. Ü.)

19 Matthäus 18,20

20 Dies ist jedoch keine Werbung, und ich bekomme auch nichts dafür, dass ich diese beiden empfehle. Ich möchte dir aber dabei helfen, eine vielleicht für dich passende Unterstützung bei deinen Zielen durch die richtige Gehirnwellen-Meditation zu finden. Die Zitate im Text stammen von den Webseiten der beiden empfohlenen Anbieter.

21 HGH, auch Somatropin, ist ein Wachstumshormon bzw. eine Vorstufe davon. (Anm. d. Ü.)

22 Amerikanische Abkürzung für lesbisch, schwul, bisexuell, transgender und »queer« (»andersartig«)

23 www.azimkhamisa.com

24 http://www.gabrielleorr.com/lass-wunder-geschehen.html

25 Quelle: A Cancer Therapy: Results of Fifty Cases by Dr. Gerson, Healing the Gerson Way by Charlotte Gerson, and Liver Detoxification with Coffee Enemas by Morton Walker, DPM excerpted from July 2001 edition of Townsend Newsletter. (Anm. der Autorin)

26 Rinpoche: tibetischer Ehrentitel für höhergestellte Lamas und andere Würdenträger (Anm. d. Ü.)